긍정적이고 호감 가는 이미지를 만들어가기 위한 노력

성공을 위한
이미지 트레이닝

석은주 저

IMAGE TRAINING

(주)백산출판사

Preface

사회에 첫발을 내딛는 사회초년생들과, 사회생활을 하고 있으나 자신의 능력을 더욱 인정받고 싶은 사람들을 위해 이 책을 준비하게 되었다.

사회에 진출하여 취업을 하면 사회생활에 필요한 기본 자세와 태도를 저절로 배우는 것으로 생각하는 사람들이 적지 않다. 그러나 저절로 배워지는 것은 없으며 자신의 노력이 있어야 한다. 취업 이후 선배나 동료들에게 기본적인 예절들을 배워나간다면 이미 준비된 사람들에 비해 출발점이 늦은 것이고, 기본적인 것들로 인한 잔소리를 듣는 것도 자존심 상할 수 있다. 그리고 요즘은 주변 동료의 예절을 가르쳐 주는 사람은 많지 않다. 꼰대 소리를 듣기 십상이고, 대부분 뒤에서 험담하거나 맘에 들지 않은 사람과 함께 일하는 것을 꺼려할 뿐이다. 우선적으로 기본적인 매너 습득이 되어 있지 않다면 채용 면접을 통과하여 취업을 하는 것에도 어려움이 따를 것이다.

사람들과 함께 일하고 생활할 때 지켜야 할 부분은 무엇이고 어떠한 모습을 보여주어야 하는지, 어떤 마음가짐을 가지고 행동해야 하는지 사회 진출하기 전에 준비한다면 사회에서 겪을 시행착오들을 줄일 수 있다. 알고 있는 것과 실생활에서 행하는 것에도 차이가 있기 때문에 평소 꾸준한 연습과 생활화로 자연스럽게 표출될 수 있도록 해야 한다.

기본이 탄탄한 사람, 긍정적이고 밝은 사람은 어려움이 닥쳐와도 쉽게 쓰러지지 않는다. 힘든 시간들이 지나가고 있지만 그 속에서 희망과 가능성을 찾을 수 있어야 한다. 긍정적이고 호감 가는 이미지를 만들어가기 위한 노력이 그 어느 때보다 더 필요한 요즘이다.

본 책을 통해 독자들이 원하는 이미지 개발과 발전에 도움이 되기를 바란다.

2021년 새해를 맞이하며

저자 석은주

Contents

PART 1 이미지메이킹

PART 2 커뮤니케이션

Chapter 7 커뮤니케이션 개념 • • • 111

Chapter 8 통신 커뮤니케이션 • • • 125

PART 3 매너와 에티켓

Chapter 9 매너와 에티켓 • • • 141

이 · 미 · 지 · 트 · 레 · 이 · 닝

PART 01

이미지메이킹

이 미 지 트 레 이 닝

CHAPTER 01

이미지메이킹

이미지트레이닝

CHAPTER 01

이미지메이킹

1 이미지의 개념

이미지(image)의 어원은 라틴어 동사 imitari(흉내내다)에 명사형 -ago를 붙인 imago로, 사전적 의미로는 '형태', '모양', '느낌', '영상', '관념' 등을 뜻하며, 구체적인 의미는 상(象), 표상(表象), 심상(心象) 등을 말한다. 이미지는 형태나 움직임 등 대상으로부터 느끼는 분위기, 감각, 연상 등의 총체적인 개념으로 표현할 수 있으며 인간의 지각에 의해 형성되는 것이다. 인간이 자극을 받아들여서 뇌 속의 여러 상징들과 결합과정을 거쳐 새로운 의미를 만드는 과정을 '지각화 과정'이라고 하는데, 이때 부여된 의미를 '이미지(image)'라고 할 수 있다.

우리말로는 인상(印象)과 같은 뜻으로 자주 쓰이며, 어떠한 대상에 대한 느낌을 의미한다. 평상시의 대화에서 “저 사람은 이미지가 참 좋다.” 또는 “연예인은 이미지 관리가 중요하지.” 등과 같이 쓰이는 이미지가 그 예가 될 수 있다. 느낌이라는 것은 매우 주관적인 개념이므로 동일한 대상이라도 사람마다 가지는 이미지는 정도의 차이가 생길 수 있다.

개인이 가지고 있는 독특하고 고유한 그만의 느낌을 개인이미지(personal image)라고 한다. 특정 대상에 관한 경험에서 생기는 것으로 개인의 지각을 통해서 의미화되고 연상에 의해 형성되고 각인된다. 그러므로 그 특성에 따라 이미지의 개인차가 발생할 수 있다. 반면 자기이미지(self-image)는 자기 자신에 대해 가지고 있는 준거 체계로 자신에 대해 지각하는 모든 것들과 행동을 결정짓는 태도나 느낌의 총체이다.

또한 대부분의 사람들이 가지고 있는 역할기대 이미지의 바탕에 행동의 결과 이미지가 결합된 산물이 우리가 인지하는 이미지다. 사람들은 다른 사람에 대한 이미지를 형성할 때 외모뿐만 아니라 내면적인 것까지 관심을 갖는다. 그래서 이미지는 내면적인 요소와 외면적인 요소가 복합적으로 작용하여 형성된다. 내면적 요소는 인간 내면의 인성으로 성격, 가치관, 동기, 신념, 이상, 지적인 수준 등을 반영하고, 외면적 요소는 보여지는 모습으로 표정, 메이크업, 헤어스타일, 체형, 옷차림, 자세, 동작, 행동, 걸음걸이 등에 의해 표현된다. 바람직한 이미지는 밝고 적극적인 표정, 향기 있는 몸차림, 품위 있는 행동, 청결한 외모, 온화한 말씨 등과 같은 외면적인 요소와 함께 진실되고 정성을 다하는 마음과 깊은 관심, 신뢰감, 겸손과 배려하는 태도 등의 내면적 요소의 조화로 만들어 낼 수 있는 것이다. 즉, 외적인 이미지와 내적인 이미지가 결합되어 총체적인 이미지로 결정되는 것이다.

2 이미지메이킹의 개념

일반적으로 이미지메이킹(Image Making)이란, 개인이 자신의 목적이나 상황에 맞도록 자신을 표현하는 것으로 자신의 내적 잠재력과 외적 연출이 조화롭게 합쳐져서 보다 나은 자신의 이미지를 극대화하여 표출하는 것을 말한다.

특정인의 전유물이 아닌 일반인들에게도 이미지메이킹은 필수적이지만 그저 외모를 아름답게 가꾸는 것으로 오인하고 있다. 그러나 이미지메이킹은 시간, 장소, 상황에 맞는 접점을 알고 슬기롭게 대처하여 다양한 상황에 맞는 적절한 이미지를 연출할 수 있어야 한다.

또한 내적인 자아표현에 중점을 두고 스스로를 표현하는 것으로 자신감을 향상시키고 긍정적인 이미지를 극대화해 나감으로써 다른 사람에게 호감과 신뢰를 연출해 가는 것이다. 다양한 사람들과의 사회활동 안에서 보다 조화로운 의사소통을 위해 나를 만들어가는 과정이라고 인지함으로써 나 자신도 만족하고 나 이외의 사람들 즉, 고객이 만족하는 다차원 개념으로 인지해야 한다.

나의 이미지는 다른 사람들에 의해 평가되지만 이미지의 주체는 나 자신이다. 이미지를 바꾸거나 계발하는 일은 시대와 상황이 요구하는 현실에 유연성과 독창성을 바탕으로 자신만의 향기로움을 담도록 노력하는 것이라 할 수 있다.

3 이미지메이킹의 중요성

인간은 사회적 존재이며, 개인의 이미지는 그 주변 환경을 구성하는 인간관계와 밀접한 관련이 있고 더불어 살아가는 인간 사회의 구조 속에서 바람직한 인간관계는 개인의 행복과 삶의 질을 향상시키는 데 직접 기여한다.

과거의 이미지메이킹이 정치인이나 연예인처럼 대중을 설득시키거나 인기를 얻어야 할 사람들의 전유물로 여겨졌다면 이제는 더 이상 그들에게만 국한된 문제가 아니다. 기업과 타인에게 인정받기 위해서는 이미지를 잘 활용해야 성공하는 시대가 된 것이다. 기업들도 그 기업만의 독립적이고 차별화된 이미지를 만들어가고 어필하기 위해 노력하고 있다. 기업의 제품이나 브랜드에도 고유한 이미지를 부여하고 관리하여 소비자에게 인식시키려고 한다. 그것이 사업의 성패와 직결되기 때문이다. 기업뿐만 아니라 개인의 가치를 높이기 위해서는 상대에게 각인될 수도 있도록 고유한 이미지를 잘 활용해야만 성공하는 시대이다.

타고 난 이미지도 중요하지만 후천적으로 끊임없이 더 나은 이미지가 계발되어야 한다. 개인의 능력이 아무리 뛰어나도 자기만의 이미지를 이상적으로 연출하지 못한다면 그 능력을 보여줄 기회를 놓치는 경우가 있을 수 있다.

개인이 어느 특정 기업의 구성원으로 속해 있을 때 개인의 이미지는 곧 기업의 이미지가 된다. 직원의 잘못된 고객응대나 전화응대로 인해 많은 컴플레인이 발생하고 더불어 기업이미지가 실추되는 빈번한 예들을 보면 알 수 있듯이, 기업의 신뢰감과 홍보효과를 위해 이미지메이킹은 꼭 필요한 분야가 되었다. 취업면접에서 구직자의 외모와 호감가는 첫인상이 매우 중요한 경쟁력이 되었고, 개인이나 기업이 경쟁력 있는 이미지로 살아남기 위해서 보다 체계적이고 성공적인 이미지메이킹 전략이 필요하다.

4 이미지와 첫인상

특정 상품이나 기업, 사람 등의 이미지는 상대가 존재해야 결정되는 것이며 상호 교류에 의해 형성된다. 자신에 대한 이미지는 세 가지로 나누어 볼 수 있는데, 자신이 생각하는 나의 이미지, 타인이 나에 대해 갖는 이미지, 다른 사람이 나에게 갖는 생각을 내가 예상하여 갖는 이미지가 있다. 이처럼 이미지는 받아들이는 사람에 따라 동일하지 않기 때문에 이미지들 사이에는 오해와 착각, 차이가 있을 수 있다.

1) 첫인상 결정요인

메라비안의 법칙은 심리학자인 미국 UCLA의 교수 앨버트 메라비안(Albert Mehrabian)이 출간한 저서 Silent Messages(1971)에서 발표한 이론이다. 한 사람이 상대방으로부터 받는 이미지의 형성 요소는 시각적 요소 55%, 청각적 요소 38%, 언어적 요소 7%라는 것이다. 이것은 시각적 요소의 중요성을 보여주는 부분이다.

메라비안의 차트

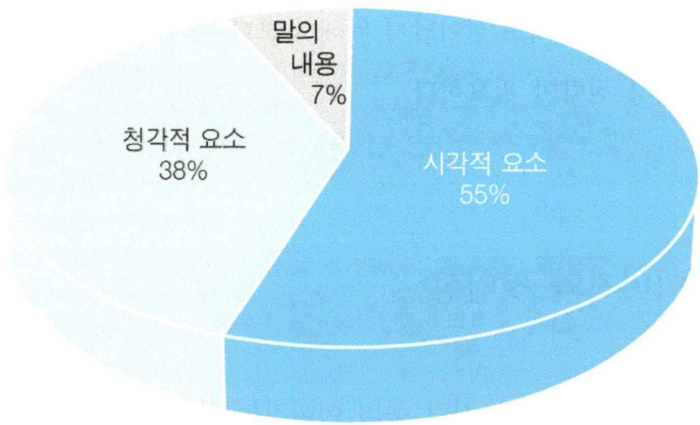

Albert Mehrabian, at UCLA

2) 첫인상의 속성

첫인상은 이미지메이킹에서 매우 중요한 힘을 지닌다. 또한 신속성, 일회성, 일방성, 영향력, 연관성 등 여러 형태의 속성을 갖는다.

- 신속성: 첫인상이 결정되는 시간은 단 몇 초에 불과하다.

- 일회성: 처음 한 번에 전달되고 오랫동안 기억되며 쉽게 변하지 않는다.
- 일방성: 평가하는 사람의 일방적인 판단과 가치관에 따라 인식된다.
- 영향력: 첫인상은 오래 기억되고 부정적인 첫인상을 변화시키기는 많은 시간과 노력이 필요하다.
- 연관성: 이미 익숙한 기억의 사람이나 사물과 연상하거나 혼동하여 오류를 인식하는 경우가 발생한다.

3) 첫인상 효과

첫인상이란 처음 대면하는 짧은 시간에 상대방에 대한 평가와 결론을 내리는 것을 말한다. 첫인상은 대략 10초 안에 결정되며 처음 받은 이미지는 쉽게 사라지지 않는다. 한번 결정된 이미지는 오랫동안 대인관계에 영향을 미치므로 첫인상 관리는 매우 중요하다. 즉, 인간관계에서 가장 중요한 것이 무엇인지 떠올려 본다면 그것은 바로 첫인상이다.

- 초두효과(Primacy Effect)

  먼저 제시된 정보가 나중에 들어온 정보보다 전반적인 인상 형성에 강력한 영향을 미치는 것이다.

  예) 첫인상은 쉽게 바뀌지 않는다.

- 후광효과(Halo Effect)

  어떤 사람이 가지고 있는 두드러진 특성이 연관되지 않은 다른 것들까지 좋거나 나쁘다고 평가하는 것이다.

예) 외적인 이미지가 매력적이면 그 사람은 성격도 좋고 지적일 것이라고 생각하며, 반대의 이미지일 경우 성격이 나쁘거나 능력이 없을 것이라고 생각할 수 있다.

- 최근효과(Recency Effect)

초두효과와는 반대의 의미로, 시간적인 흐름에서 가장 마지막에 제시된 정보 즉, 최근에 받은 이미지가 인상 판단에 중요한 역할을 한다는 것이다.

- 맥락효과(Context Effect)

처음에 인지된 이미지가 이후 형성하는 이미지의 판단 기준이 되고, 전반적인 맥락을 제공하여 인상 형성에 영향을 주게 된다.

- 빈발효과(Frequency Effect)

첫인상이 부정적이었더라도 반복해서 제시되는 행동이나 태도가 진지하고 솔직하면 점차 좋은 쪽으로 바뀌는 현상이다.

- 부정성효과(Negative Effect)

타인의 인상을 평가할 때 대부분 긍정적으로 평가하지만 어떤 부정적인 정보가 나타나면 다른 긍정적인 정보보다 부정적인 것에 더 큰 비중을 두고 인상을 평가한다.

- 낙인효과(Stigma Effcct)

과거의 경력으로 현재의 인물 평가와 이미지 형성에 미치는 영향을 말한다. 특히 부정적인 경력은 편견을 야기시키고 이미지 형성이나 인간관계에도 반영되어 부정적인 인상 형성에 영향을 주게 된다.

4) 이미지를 결정하는 요소

① 외모(Appearence)

첫인상을 형성하는 가장 큰 요인으로 시각적인 부분은 얼굴 표정, 태도, 패션, 헤어, 메이크업 등이 있다. 외모도 실력이라는 말이 있듯이 외모는 아름다움을 넘어선 '긍정적이고 호감가는' 외모를 의미한다.

② 표정(Expression)

상대에게 긍정적인 호감을 주기 위한 가장 중요한 부분이다. 표정을 밝게 하는 훈련을 통하여 원만한 대인관계를 형성한다.

③ 태도(Attitude)

상대의 마음을 편하게 해줄 수 있는 것은 상대방을 존중하는 마음을 바탕으로 하는 자연스러운 태도이다. 태도는 인격을 나타내는 중요한 부분이다.

④ 목소리(Voice)

말할 때의 억양과 말의 속도, 톤의 높낮이를 말한다. 말의 속도가 너무 빠르면 성급해 보일 수 있고, 목소리의 톤이 너무 높을 경우에는 가벼워 보일 수 있다.

⑤ 대화(Speech)

자기 내면의 인격을 보여줄 수 있는 것이 대화이다. 겸손하고 상대방을 배려하는 대화법을 사용하면 좋은 첫인상을 줄 수 있다.

5 이미지 분석

이미지메이킹을 위하여 전략이 필요한데 가장 우선적으로 자신에 대한 이미지를 분석하는 것에서 시작된다.

다른 사람들에게 내적, 외적으로 어떻게 보여지고 있는지 알아보고 자아가 타인들과 어떠한 차이가 있는지 발견하여 개인의 이미지 지수를 체크하고 자신을 개선해 나가는 기술력을 터득한다.

자신의 장점과 단점을 열거해보고 자신의 이미지를 분석해 보는 방법도 있다. 자신의 성격, 감정, 외모, 사회적 성향, 지적 능력, 신념, 가치관, 관심사 등이 포함된 내용으로 기술해 나간다. 이렇게 함으로써 본인이 원하고 추구하는 이미지를 설계하게 되는 것이다.

내적 이미지, 외적 이미지와 관련된 여러 가지 내용을 항목으로 만들어 해당되는 항목을 체크하고 해당하는 좌표를 확인하여 자신의 퍼스널 지수 영역 내용에 따라 이미지를 보완, 발전시켜 이미지 목표를 설계할 수도 있다.

자신이 원하는 이미지를 선택하고 설계하고 발전시켜 나가기 위해서는 롤모델을 선정하는 것이 좋다. 직업적 이미지이든 개인 이미지이든 본인이 원하는 이미지를 가지고 있는 롤모델을 선정하여 롤모델의 이미지를 우선 목표로 발전시켜 나가는 것도 방법이다. 목표에 다다르면 자신만의 개성을 더하여 고유한 자신의 이미지로 개선시켜 나갈 수 있다.

다음은 개인의 이미지 지수를 체크할 수 있는 진단지이다. A와 B의 두 개의 파트로 구성되어 있고 각각의 문항을 읽어 보고 체크한 후 해당 항목의 수를 합산한다.

이미지 지수 체크 A

해당되는 항목에 체크하시오.

☐	자기를 사랑한다.
☐	긍정적이고 적극적인 성격이다.
☐	인생의 뚜렷한 희망과 목표가 있다.
☐	나쁜 습관보다 좋은 습관을 더 많이 가지고 있다.
☐	상대가 자신을 어떻게 생각할지 의식하는 편이다.
☐	감정적이기보다 이성적이다.
☐	화가 날 때 심호흡을 하며 흥분을 가라앉힌다.
☐	자기개발을 다루는 서적을 즐겨 읽는다.
☐	연극, 음악회 등의 다양한 문화행사에 적극적으로 참여한다.
☐	눈치(이해력과 판단력)가 빠른 편이다.
☐	무력감과 우울증에서 빠르게 벗어날 수 있다.
☐	미래의 성공 이미지를 자주 그린다.
☐	매일 짧게라도 기도나 명상을 한다.
☐	사람들을 만나는 것이 즐겁다.
☐	대인관계가 원만하나.
☐	남에게 말한 약속은 반드시 지키려고 노력한다.
☐	생각하고 고민하기보다는 먼저 행동으로 옮긴다.

□	인사성이 좋고 친절하다.
□	스트레스가 쌓이면 취미(음악, 영화감상, 독서, 운동 등)생활로 풀어버린다.
□	시간 약속을 중요하게 생각하고 잘 지키는 편이다.
□	친구와 의미 없는 시간을 보내면 시간이 아깝다는 생각이 든다.
□	하루의 수면 시간은 다섯 시간 내외다.
□	아침형 인간이다.
□	자신의 사전에 심심하고 무료한 시간이란 있을 수 없다.
□	자신에게 롤모델(닮고 싶어 하는 인물)이 있다.

이미지 지수 체크 B

해당되는 항목에 체크하시오.

☐	대체로 자신의 외모에 만족한다.
☐	평소 잘 웃는 편이다.
☐	사진 찍는 것을 좋아한다.
☐	사람을 처음 만날 때 웃으면서 악수할 수 있다.
☐	거울이 있으면 습관적으로 몸 전체를 쭉 훑어본다.
☐	자기보다 매력적인 사람을 만나면 그 사람의 외적 이미지를 유심히 관찰한다.
☐	윗사람(직장 상사, 선배)으로부터 꾸중을 들을 때 멋쩍은 미소를 띤다.
☐	사람들 앞에 나서는 것이 결코 두렵지 않다.
☐	여성: 화장을 자연스럽게 잘하는 편이다. / 남성: 면도를 잘하고 다닌다.
☐	헤어 염색은 튀는 컬러보다 자연스러운 갈색 머리 염색을 선호한다.
☐	얼굴에 트러블이 생기면 즉각 피부과에서 치료를 받는다.
☐	체중이 불어나면 즉시 다이어트에 들어간다.
☐	자신의 피부색에 어울리는 컬러를 알고 있다.
☐	자기 체형의 결점을 커버하는 패션 감각을 가지고 있다.
☐	튀는 패션 컬러는 별로 좋아하지 않는다.
☐	깔끔하고 단정한 패션 스타일을 좋아한다.

□	상황에 맞게 옷을 입을 줄 안다.
□	여러 종류의 스카프(넥타이)를 가지고 있다.
□	때에 따라 향수를 뿌린다.
□	겨울보다 노출할 수 있는 여름이 더 좋다.
□	정중한 인사를 할 수 있다.
□	악수를 세련되게 할 수 있다.
□	자세가 반듯하다.
□	걸음걸이가 당당하다.
□	몸짓과 제스처가 우아하고 품격이 흐른다.

이미지 지수 평가

이미지 A 그룹과 B 그룹을 체크해 본 결과 자신에게 해당하는 항목이 몇 개씩인가?

- 이미지 A : ______개
- 이미지 B : ______개

그 개수에 해당하는 좌표에 점을 찍어 자신의 영역을 찾아보자.

이미지 A는 내적 이미지 항목이고 이미지 B는 외적 이미지 항목이다.

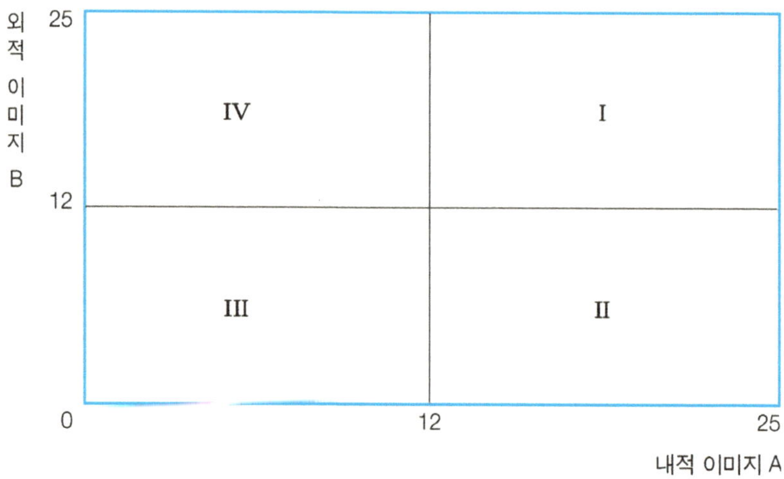

〈이미지 지수 진단〉

영역별 이미지 해설

I 영역

당신은 내적 이미지와 외적 이미지를 잘 갖추고 있다. 또한 삶에 대한 의욕도 대단히 강하다. 자신만의 개성과 매력을 지속적으로 개발한다면 무리 없이 목표를 달성할 수 있을 것이다.

II 영역

당신은 외모보다 내적 이미지의 가치를 중요하게 생각하는 사람이다. 때로는 외적 이미지를 추구하는 사람들에게서 우월감을 느낄 때도 있다. 그러나 외모도 중요하다는 현실에 직면하여 당신은 생각을 바꾸지 않으면 안 된다. 당신은 변화에 적응할 수 있는 잠재력이 있으므로 지금부터라도 외적 이미지의 중요성을 인식하고 변화한다면 빠른 속도록 경쟁력을 높일 수 있다. 당신의 지성에 감각적인 외적 이미지가 추가된다면 당신은 더욱 매력적인 사람이 될 수 있을 것이다.

Ⅲ 영역

당신은 내적 이미지와 외적 이미지 모두에 관심이 부족한 사람이다. 무슨 일을 해도 잘 되지 않는다는 부정적인 생각을 가지고 있으며 자신감이 부족하여 매사에 소극적인 타입이다. 먼저 외적 이미지를 구축해 보자. 그러면 어느새 내적 이미지가 강화되어 매사에 긍정적이고 적극적으로 변화된 당신을 발견하게 될 것이다.

Ⅳ 영역

당신은 외적 이미지에 치중하는 편이다. 지적 능력을 키우기 위해 독서량을 늘리고 자기 개발 프로그램에 적극적으로 참여할 필요가 있다. 또한 좀 더 전략적 차원에서 외적 이미지를 추구할 필요가 있다. 상황에 맞는 외적 이미지 연출은 내면을 돋보이게 하는 힘이 있다. 자신의 타고난 감각을 바탕으로 하여 당신의 내재된 능력을 최대한 끌어올릴 수 있다.

〈자료: (사)이미지컨설턴트협회〉

특정한 과제를 해결하기 위해, 본인의 강점, 약점의 내부역량과 기회요인, 위협요인의 외부환경을 조사하여 강점은 살리고, 약점은 최소화하며 기회를 활용하고 위협요인을 최소화하는 전략을 수립하여 자기개발에 활용하는 방법을 SWOT 분석이라고 한다.

자신의 목표를 달성하기 위한 전략을 수립하기 위하여 SWOT 분석을 해보자.

나의 SWOT 분석

내부요인 / 외부요인	강점(Strength)	약점(Weakness)
기회요소(Opportunities)	SO 전략	WO 전략
위협요소(Threats)	TS 전략	WT 전략

이 미 지 트 레 이 닝

CHAPTER

02

용모

이 미 지 트 레 이 닝

CHAPTER 02

용모

1 용모 관리의 중요성

외모는 얼굴과 몸매 모두를 말하고, 용모(容貌)란 얼굴을 의미하는 '용(容)'을 중심으로 하여 겉으로 나타나는 전체적인 이미지를 뜻한다. 용모에 대한 관심은 남녀노소 불문하고 시대를 초월한 관심사이다. 또한 밖으로 보여지는 외적 이미지는 첫인상을 결정짓는데 결정적인 역할을 하며, 상대방을 바라볼 때 얼굴이 가장 먼저 눈이 가는 곳이고 얼굴을 통해서 느끼는 이미지가 상당히 큰 부분을 차지하므로 용모관리는 매우 중요하다.

용모가 전달하는 이미지는 얼굴의 생김새가 중요하다는 의미보다 위생과 청결, 메이크업 상태, 헤어스타일, 표정 등의 복합적 이미지를 의미하며, 자신이 속한 기업 · 조직과 어울려야 하며, 자신의 직업 · 직무와 어울리는 이미지를 전달하는 것이 바람직하다. 용모관리를 통해 자신의 이미지를 전달하는 것은 물론 자신이 속한 기업, 조직의 이미지까지 반영된다는 것을 잊어서는 안된다.

사회생활을 하는 현대인에게 용모를 관리하는 것은 중요한 경쟁력이고, 용모는 개인이 관심과 노력으로 개선될 수 있으며 단정함과 청결함을 기본으로 하여야 한다. 단정하고 세련된 용모, 자신의 직무와 어울리는 용모를 갖추어 전문인다운 이미지를 연출해야 한다.

1) 용모 관리의 기본 원칙

- T.P.O.를 기억하라.

T(time), P(Place), O(Occasion)의 약자인 T.P.O.는 시간, 장소, 경우(상황)를 고려하라는 의미이다. 자신의 용모관리를 비롯한 이미지메이킹을 하기 위해서는 T.P.O.에 유념하여야 한다.

- 너무 튀지 않도록 한다.

자신의 매력과 개성을 연출하되 T.P.O.에 맞지 않는 연출은 본인의 이미지를 긍정적이고 호감가도록 연출하기 어렵다. 특히 유니폼을 입는 경우에는 자신의 개성 표현보다 조직의 일체감을 표현할 수 있도록 하는 것이 더 바람직하다.

- 청결하고 단정해야 한다.

용모관리의 가장 중요한 것은 위생과 청결이다. 그리고 단정하고 품위있게 관리하고 연출하는 것이 이미지 관리에 바람직하다.

2 위생과 청결

용모관리의 가장 기본은 위생과 청결이다. 단정한 이미지를 연출하기 위해 위생적인 부분을 신경써야 한다. 머리나 손과 발이 청결해야 하고, 손톱은 청결하고 단정하게 관리가 잘 되어 있는 것이 좋다. 남성의 경우 깔끔하게 면도가 되어 있는 상태여야 하며, 면도 후에 보습제 사용으로 수분관리를 하여 피부결을 정돈한다. 식후에는 양치질을 하여 함께 일하는 동료나 상대방에게 불쾌감을 주어서는 안된다. 마스크를 착용할 때도 양치질을 기본적으로 해야 하며, 마스크도 청결한 상태로 착용할 수 있도록 관리한다.

3 Make-up

사회생활을 하는 성인들에게 메이크업은 필수적이다. 한때는 여성만이 메이크업을 한다고 여겼지만 최근에는 남성들도 메이크업에 대한 관심이 크게 증가하였고 실생활에서 남성 메이크업을 하는 경우도 많이 있다.

메이크업은 말 그대로 나의 이미지를 업(up)시켜 줄 수 있는 도구로 활용해야 한다. 단정하고 세련된 메이크업은 자신의 이미지를 긍정적으로 만들어 준다. T.P.O.에 적합한 메이크업은 상대방에게 긍정적인 느낌을 전달해 주지만 너무 과도한 메이크업은 오히려 부정적인 이미지를 전달할 수 있으니 유의해야 한다.

다양한 매체를 통해서 메이크업 방법을 배울 수 있어서 매우 편리하지만 자신에게 어울리지 않거나 상황에 맞지 않는 메이크업을 하여 주변을 당혹시킬 수도 있다. 사회인으로서의 메이크업은 자신을 밝고 건강한 이미지로 연출하기 위한 도구로 사용해야 한다.

색조를 너무 과하게 사용하는 것보다 자연스럽게 자신의 피부와 얼굴에 어울리도록 메이크업을 하는 것이 좋다. 또한 일하는 장소와 직무, 목적에 어울리도록 해야 하고, 유니폼을 비롯한 본인의 복장과 잘 어울리는 메이크업으로 세련되고 단정하게 보이도록 한다.

1) 피부관리

평소 피부 관리를 통해 좋은 피부를 유지하는 것이 메이크업의 첫 단계이다. 화장을 하는 것도 중요하지만 지우는 것이 더 중요하고 클린징은 피부관리의 기본이다. 건성, 지성, 복합성, 민감성 등 자신의 피부 타입에 따라 관리 방법을 달리해야 하고 사용하는 화장품도 타입에 맞는 것으로 골라 사용해야 한다.

2) 스킨케어

기초 화장이 잘 되어야 그 이후 이루어지는 색조 메이크업이 자연스럽게 완성된다. 기초 스킨케어 제품들은 피부를 청결하게 해주고 정돈시켜 주며 영양과 보습을 공급한다. 기초 화장품을 사용할 때는 소량을 사용하여 피부에 충분히 흡수될 수 있도록 한다. 양을 과도하게 사용하면 오히려 화장이 밀려서 피부가 매끄럽게 표현되지 못한다.

- 스킨케어 순서

  화장수(스킨) → 아이크림 → 에센스 → 로션 → 수분크림(영양크림) → 선크림 → 메이크업

3) 메이크업 베이스(Make-up Base)

피부톤을 정돈하고 일정하게 하기 위한 것으로 파운데이션 전에 바르는 제품이다. 메이크업 상태가 오래 지속될 수 있도록 도와주고 다음 단계의 파운데이션의 발림을 도와주는 역할을 한다. 자신의 피부색에 따라 피부색을 중화시킬 수 있는 색상을 선택하여 사용한다.

- Pink 색상 - 창백한 피부
- Green 색상 - 붉은 피부
- Purple 색상 - 노란 피부
- White 색상 - 어두운 피부
- Orange 색상 - 햇빛에 그을린 피부

4) 파운데이션(Foundation)

자신의 피부색에 맞는 색상을 선택하여야 한다. 얼굴과 목의 중간색으로 선택한다. 그리고 자신의 피부타입에도 맞는 제품으로 선택한다. 최근 많이 사용되는 쿠션 팩트 제품은 편리하게 사용할 수는 있지만 지속력이 파운데이션에 비해 부족하다. 자신의 직무 지속 시간과 근무 환경에 따라 적합한 것을 선택할 수 있다. 사용 시에는 얼굴과 목의 경계가 생기지 않도록 잘 펴 바르는 것이 좋다.

계절에 따라 다른 타입의 파운데이션을 사용하는 것도 좋다. 여름철에는 피부톤이 가장 옅을 때인 겨울철보다 약간 어두운 계열의 제품을 쓰면 자연스럽고, 건조한 겨울철에는 수분이 많이 함유된 제품을 사용하는 것도 좋다.

파운데이션이 과하게 발라졌을 때에는 피부표현이 두꺼워져서 답답해 보이고 주름이 더 깊게 보여 오히려 좋지 않다. 자연스럽게 연출하기 위해서는 얇게 여러 번 발라준다.

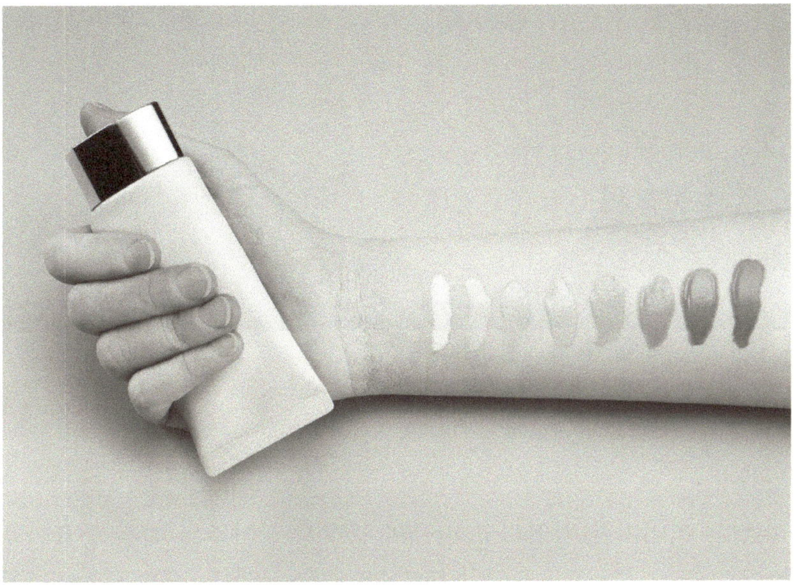

5) 파우더(Powder)

피부화장의 마지막 단계이고 메이크업을 오래 지속시켜 주는 역할을 한다. 사용할 때는 소량을 사용하여 파운데이션의 유분기를 제거해준다. 과도하게 사용하면 피부가 건조해 보이고 피부표현이 두꺼워져서 오히려 부자연스럽다.

6) 아이브로우(Eyebrow)

눈썹은 이미지를 결정하고 얼굴의 균형을 잡아주는 매우 중요한 부분이다. 최신 유행에만 의지하지 말고, 자신의 얼굴형에 어울리는 자연스러운 눈썹 모양을 그린다. 주기적으로 눈썹 정리를 하여 깔끔한 인상을 주도록 한다.

색상은 자신의 머리카락 색과 비슷한 것을 선택하는 것이 가장 자연스럽다. 너무 진한 색상을 선택하면 고집이 세 보이고 인상이 강해 보일 수 있다.

일자눈썹인 경우 인상이 강해 보이고 고집이 세 보일 수 있으며, 눈썹 산의 모양이 너무 각이 지면 다소 차가운 인상으로 보일 수 있다. 눈썹의 두께가 너무 얇으면 나이가 들어보일 수 있고, 너무 두꺼우면 답답해 보인다. 눈썹의 길이가 너무 길어도 나이가 들어보일 수 있으므로 길이 조절을 할 필요가 있다.

눈썹 그리는 펜으로 너무 진하게 그리는 것보다 붓과 펜을 적절히 사용하여 자연스럽게 눈썹의 결을 살리도록 하면 전체적으로 자연스러운 느낌이 된다.

자신에게 어울리면서 아름다운 눈썹을 그리는 것은 많은 시도와 연습이 필요하다.

7) 아이섀도(Eye Shadow)

색상은 너무 튀지 않는 것으로 자신의 피부색과 눈의 생김새에 따라 선택하고 그날의 의상에 맞추어 할 수 있다. 너무 화려하거나 지나치게 개성 위주의 진한 색상은 피하고 부드럽고 자연스러운 계열의 색상을 사용하는 것이 바람직하다. 여러 색상을 함께 사용할 때는 색상들이 서로 어우러지도록 조절해주어야 한다. 과도한 반짝이가 포함되어 있는 제품은 일상 업무 중에는 어울리지 않으므로 유의한다.

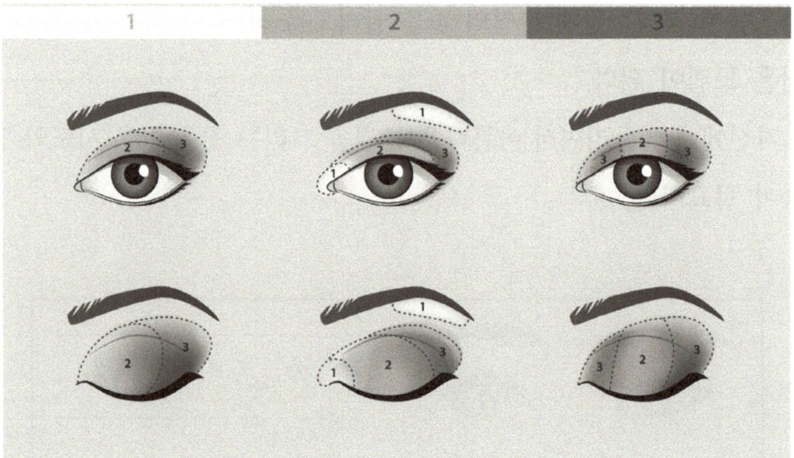

8) 아이라이너(Eye Liner)

눈의 이미지를 선명하고 강하게 만들어 준다. 아이라인의 두께와 모양으로 이미지를 변화시킬 수 있다. 너무 두껍게 그리면 부담스러울 수 있으므로 자연스럽고 가늘게 그리는 것이 좋다. 눈 아래부분의 진한 아이라인은 피한다.

9) 마스카라(Mascara)

속눈썹을 선명하고 풍성하게 만들어주어 여성미를 강조해준다. 마스카라는 뭉치지 않도록 발라주고, 사용 전 뷰러를 이용해 속눈썹을 올려주면 더욱 효과가 있다. 인상이 강해 보인다면 브라운 계열의 마스카라를 사용하여 인상을 부드럽게 만들어 줄 수 있다.

10) 립스틱(Lipstick)

립스틱은 사용하는 색상에 따라 전체적인 인상이 결정된다. 입술은 깔끔하게 표현하는 것이 필요하고 자신의 피부색, 치아색과 그날의 의상과 어울리는 것으로 선택한다. 입술이 건조한 경우 립글로스나 립밤을 이용하여 촉촉하게 표현하는 것도 좋다.

11) 볼터치(Blush)

메이크업의 마무리 단계에서 생동감 있고 화사한 분위기 연출을 위해 사용한다. 경계선이 보이지 않도록 주의하여 자연스럽게 바른다.

얼굴이 창백해 보이는 경우 볼 중간에 핑크 또는 오렌지 계열로 살짝 터치해 주어 혈색이 좋아보이도록 한다. 평소 얼굴이 붉어지는 사람은 하지 않는 것이 좋다.

사각턱이 나와 보이거나 광대가 나와 보이는 경우는 얼굴 옆쪽에 어두운 계열의 쉐딩을 해준다. 사각턱이 나온 경우는 귀 옆에서 얼굴 안쪽으로, 광대뼈가 나온 경우는 관자놀이 부분에서 얼굴 앞쪽으로 브러싱 해준다. 붓을 이용할 때 화장품을 묻힌 다음 붓을 가볍게 털어서 자연스럽게 연출되도록 해준다.

12) 매니큐어

얼굴 메이크업뿐만 아니라 손과 발 관리도 필요하다. 손톱이 너무 길지 않고 청결하게 관리가 되어야 하며 큐티클은 제거되어 있는 것이 깔끔해 보인다. 손을 많이 사용하는 직업이라면 더욱 세심한 관리가 필요하다. 매니큐어를 사용하여 손을 더욱 정돈되어 보이게 할 수 있다. 너무 긴 손톱이나 과도한 아이템을 손톱에 부착하면 업무에 지장을 줄 수 있으므로 좋은 이미지를 전달하기 어렵다.

발도 청결하게 관리하고 평소 각질관리를 잘 해야 한다. 슬링백 구두를 신거나 슬리퍼형 신발을 신었을 때 발뒤꿈치가 보이므로 관리한다.

13) 향수

향수를 사용할 때는 자신의 체취와 어울리는 향을 선택하여 사용한다. 과도한 향수 사용은 오히려 주변을 불쾌하게 할 수 있으므로 향수의 종류와 사용법을 알고 제대로 사용하여야 한다.

종 류	특 성
퍼퓸 (Perfume)	알코올 70~80%에 원액이 약 15~25% 함유된 것이며, 향의 지속시간은 12시간 정도이다.
오 드 퍼퓸 (Eau de perfume)	향의 지속시간이 7시간 전후이며, 퍼퓸과 오드투와렛의 중간 형태이다. 원액이 10~25% 함유되어 있다.
오 드 투와렛 (Eau de Toilette)	'화장수'란 의미로 6~8%의 향료가 함유되어 있고, 향의 지속시간은 3~4시간이다.
오 드 코롱 (Eau de Colonge)	원액의 함유량이 3~5%로, 자극적인 냄새는 없으나 향이 금방 사라진다는 단점이 있다.
샤워 코롱 (Shower Colonge)	원액의 함량이 2~5%로, 샤워 후에 가볍게 사용하면 좋다.

향수는 손목이나 팔꿈치, 귀 뒤 등 체온이 높고 맥박이 뛰는 곳에 스프레이한다. 또는 향은 밑에서 위로 올라오는 성질이 있으므로 자켓 아래쪽, 스커트 단 등 옷 아래쪽의 움직이는 부분에 스프레이하면 은은하게 향이 퍼진다. 단, 옅은 색의 옷에 스프레이하면 색으로 오염될 수 있으므로 주의한다.

지성피부는 단순한 향을 사용하고, 건성피부는 향이 오래 남아있지 않아 자주 뿌려주어야 한다. 식사 전에는 향수를 사용하지 않는 것이 식사의 맛과 향에 방해가 되지 않는다.

4 Hair-do

헤어는 청결하고 단정해야 한다. 얼굴형과 체형, 그리고 의상과 조화를 이루도록 하는 것이 필요하고, 상황과 목적에 적합한 헤어스타일을 연출하는 것이 좋다. 헤어스타일이 업무 특성에 맞지 않는다면 본인의 업무 성과에도 부정적인 영향을 미칠 수 있으며, 주변 동료들에게도 안좋은 이미지로 전달될 수 있다. 헤어도 역시 T.P.O.에 맞는 스타일을 추구하는 것이 바람직하며, 서비스맨이나 면접에 임할 때는 더욱 단정하고 깔끔한 헤어스타일을 연출하는 것이 긍정적인 이미지를 연출하는 방법이다.

1) 남성

남성의 경우, 단정한 헤어스타일을 연출하기 위해서는 뒷머리카락이 셔츠 깃에 닿지 않도록 하고 귀를 드러내는 것이 좋다. 청결은 기본이며 과한 펌이나 염색은 피하도록 한다. 이마를 드러내는 것은 자신감 있는 모습으로 표현되며 상대에게 신뢰감을 전달한다. 이마를 가리고 눈썹까지 가리는 헤어스타일은 자신감이 결여되어 보이며 답답해 보일 뿐만 아니라 청결해 보이지 않을 수 있다. 헤어제품을 사용하여 정돈된 헤어를 연출한다.

2) 여성

여성의 경우, 단정한 헤어스타일을 연출하기 위해서 긴 머리의 경우 묶어서 정리하는 것이 좋다. 귀를 드러내어 머리가 흘러내리지 않도록 유지하는 것이 효과적이며 화려한 장식은 피한다. 요란한 펌이나 과도한 염색은 유의한다.

단발이나 컷트의 짧은 헤어스타일의 경우, 단정한 이미지를 연출하고 싶다면 귀와 이마를 드러내는 것이 좋다. 머리카락이 쓸려 내려오지 않도록 헤어핀을 사용하거나 헤어제품을 이용하여 고정한다. 앞머리를 내린 경우에는 눈썹 아래로 길게 내려와 눈을 가리지 않도록 한다.

5 용모 점검하기

전신 거울 앞에 서서 자신의 용모를 점검해 본다.

이 미 지 트 레 이 닝

CHAPTER

03

복장

이 미 지 트 레 이 닝

CHAPTER 03

복장

1 복장 관리의 중요성

복장은 상대에게 긍정적이고 호감을 주는 이미지를 전달하는 기본적인 요소이다. 자신의 개성과 매력을 표현할 뿐만 아니라, 지위, 소속, 가치관, 직업의식을 나타내는 것이 복장의 역할이다. 복장은 T.P.O.에 맞도록 잘 갖추어 입는 것이 좋은 이미지를 연출할 수 있다.

어떠한 종류의 복장을 갖추었는가에 따라 본인의 마음가짐이나 행동이 달라진다는 것을 느껴본 적이 있을 것이다. 캐주얼 복장이나 편의복을 입었을 때는 활동이 편한 만큼 마음의 긴장도 풀어지고 행동도 편해진다. 반면에, 정장을 입었을 때는 마음가짐이 달라지고 긴장

감도 생기며 행동 하나하나에 조금 더 주의를 기울이게 된다. 복장은 자신의 마음가짐을 외적으로 표현하는 것이다.

2 복장 연출 시 유의점

복장을 제대로 갖추는 것이 쉬운 일은 아니다. 우선 복장은 청결하고 단정하게 관리하는 것이 중요하다. 격식, 상황, 목적과 용도에 적합하도록 연출하는 것이 필요하다. 자신의 개성 연출도 중요하지만 주변 환경과의 조화를 고려하는 것도 중요하다.

예를 들면 자신이 즐겨 입는 복장의 색상이 밝은 노란색이라고 하여도 조문 갈 때는 검은색 계열의 정장을 갖추어야 하고, 캐주얼 복장을 선호하여도 공식 행사에 참여할 때는 정장을 갖추어야 하는 것이다.

채용 면접 시에도 자신의 진정성과 전문성을 전달하기 위해 단정하고 신뢰감을 줄 수 있는 정장을 착용하는 것이 기본이다. 또한 자신이 속한 기업이나 직무에 따라 적합한 복장을 갖추어야 한다.

3 여성 정장

여성 정장(suit)은 재킷, 스커트(바지), 블라우스(셔츠)로 구성되어 있다. 기본 여성 정장의 구성을 알고 T.P.O.에 적합한 연출을 할 수 있도록 한다.

1) 재킷(Jacket)

단순한 디자인과 화려하지 않은 베이직한 색상의 재킷이 적당하다. 다양한 연출이 가능하여 실용적으로 활용할 수 있다. 복장을 착용할 때 가장 기본적인 것은 단정함이므로 오염되지 않았는지, 실밥이 나와 있는지, 단추가 떨어졌는지 미리 확인한다. 지나치게 유행을 따르는 스타일은 피하는 것이 좋고, 장식이 과한 것도 피한다. 업무 시 착용할 복장이므로 움직임이 편하도록 알맞은 사이즈를 입는다. 자켓의 형태가 유지될 수 있고 단정하게 보일 수 있도록 가급적 주머니에는 소지품을 넣어 불룩하게 만들지 않는다.

2) 스커트와 바지

착용하기 전 오염물 여부 확인, 치마나 바지의 아랫단이 뜯어지지 않았는지 확인한다. 스커트를 착용할 때는 지나치게 짧거나 긴 것은 피한다. 일반적으로 정장에는 무릎 길이가 적당하다. 스커트와 바지 모두 지나치게 몸매가 드러나는 것은 바람직하지 않다.

3) 블라우스와 셔츠

슈트 안에 블라우스 또는 셔츠를 입는다. 구김이 없도록 다림질 상태를 확인하고 오염되지 않았는지 단추가 떨어진 곳은 없는지 미리 확인한다. 재킷, 스커트와 어울리는 색상과 디자인을 선택한다. 지나치게 과한 디자인의 블라우스는 피하고 재킷이 어두운 색이라면 밝은 색을 착용하는 것도 어울린다. 얇은 소재의 옷이라면 속옷을 갖춰 입어 단정한 느낌을 주도록 한다.

4) 스타킹

스타킹은 옷, 구두와 어울리는 색상으로 착용한다. 올이 나가지 않았는지 수시로 확인하고 발목 부분에 주름이 생기지 않도록 해야 하며, 외출 시에는 만약을 위해 여분의 스타킹을 준비한다. 정장을 착용할 때는 반드시 스타킹을 신는데 여름에도 공식 석상에서는 스타킹을 착용하는 것이 좋다.

5) 구두

구두는 정장과 어울리는 색상의 정장용 구두를 신는다. 구두는 항상 청결하게 관리하고 구두굽이 닳으면 바로 교체한다. 일반적으로 짙은 색상의 구두를 신는 것이 무난하고 정장의 색상에 따라 베이지 계열의 밝은 색상의 구두를 신기도 한다. 정장용 구두는 굽이 있는 형태여야 하며 전혀 굽이 없는 플랫슈즈 형태는 정장 구두로 적합하지 않다. 구두 굽은 너무 높아도 불편할 수 있으므로 자신에게 맞는 적절한 굽의 높이와 형태를 선택한다.

6) 액세서리

장식이 과하지 않고 나이와 신분에 적합한 것으로 착용한다. 많은 액세서리 중 스카프는 다양하게 연출할 수 있는 액세서리 중 하나이다. 전체적으로 단순하고 어두운 복장을 화사한 디자인의 스카프로 다른 분위기를 연출할 수도 있고, 묶는 방법도 다양하다.

7) 가방

가방은 정장이나 구두의 색을 고려하여 색상을 결정하면 잘 어울린다. 가방의 크기는 자신의 신체에 따라 적절한 것으로 선택하고 전체 의상과 어울리는 디자인으로 선택한다.

4 남성 정장

일반적으로 남성 정장은 쉽고 단순하다고 생각하기 쉽지만, 조금만 신경쓰면 세련되고 멋진 정장 차림을 할 수 있다. 직장 남성의 경우 정장은 비즈니스맨의 품격과 매너를 상징하는 것이므로 중요하다. 슈트(suit)는 같은 소재와 색상으로 이루어진 상하의 한 벌을 말하며, 공식 석상에는 상하 한 벌을 착용하는 것이 좋다. 키가 작은 체형은 밝은 색상과 줄무늬 패턴이 잘 어울린다. 뚱뚱한 체형은 큰 체크무늬를 피하는 것이 좋다. 자신의 체형에 어울리는 색상과 옷감을 선택하여 세련되고 멋스럽게 연출한다.

1) 남성 슈트의 용어

- 라펠(Lapel)

라펠은 유행에 민감한 부분이며 코트나 재킷의 앞몸 판이 깃과 하나로 이어져 접혀진 부분을 말한다.

- 노치드 라펠(notched lapel) : 가장 일반적인 라펠모양이다. 칼라와 라펠의 경계선이 적당하게 벌어져 있는 단순한 디자인이다.
- 피크드 라펠(peaked lapel) : 아래깃이 뾰족하고 크게 위로 올라간 형태로 드레시한 슈트에 많이 사용된다.
- 버튼홀 : 플라워홀이 정식명칭이다. 라펠의 단추구멍으로 버튼의 기능 대신 배지를 다는 장식적인 요소로 사용된다.

- 벤트(Vent)

벤트는 남성정장 재킷의 뒤트임을 말한다. 뒤트임이 없는 것, 트임이 하나인 것, 트임이 양쪽으로 나 있는 것으로 구분된다. 자신의 체형에 따라 어울리는 것으로 선택한다. 일반적으로 트임이 싱글인 스타일이 많다. 트임이 트윈인 경우 바지 주머니에 손을 넣을 때 재킷의 스타일에 큰 영향을 주지 않아 편하지만, 엉덩이가 큰 체형은 더욱 커보일 수 있으므로 피하는 것이 좋다.

- 브이존(V-Zone)

정장 착용 시 상의 단추를 채웠을 때 보이는 셔츠 부분으로 남성 슈트의 유행에 가장 민감한 부분이다. 브이존이 좁아졌다 넓어지는 것, 브이존의 셔츠 카라, 넥타이 문양, 매듭, 넓이 등의 변화가 유행에 따라 변화한다.

2) 남성 슈트의 종류

- 아메리칸 스타일

유행을 따르지 않는 가장 보편적이며 보수적인 스타일이다. 직선적이고 상의는 단추가 2개 또는 3개의 싱글 형태이고 바지는 중앙 주름 이외 장식이 없다. 가장 실용적이며 활동성에 주안점을 두었다. 유행에 따라 소매의 폭, 허리 부분, 바지 통이 변화하지만 짧은 센터 벤트가 특징이다.

- 브리티시 스타일

귀족적이고 중후한 복장으로 가장 클래식한 슈트로 영국의 전통적인 스타일이다. 벤트는 센터나 사이드에 있으며 바지 허리에 주름이 들어가고 바지 밑단은 접어서 꺾은 형태이다. 자연스러운 선을 강조하고 어깨에 패드를 넣지 않거나 얇은 패드를 넣어서 어깨부분에 각이 지도록 되어 있다.

- 유러피언 스타일

유행에 민감하고 실루엣을 강조한 패셔너블한 슈트이다. 벤트가 없는 것이 특징이고 바지도 폭이 좁아 몸에 붙는 느낌이 나서 마른 체형에 어울린다.

3) 재킷

재킷의 길이는 엉덩이의 굴곡을 가릴 만큼 와야 한다. 착용했을 때 어깨부분에 가로나 세로 주름이 생기지 않도록 한다. 재킷 뒤쪽 깃부분에 드레스 셔츠가 1~1.5cm 정도 보이는 것이 좋고, 소매길이는 손과 손목의 경계에서 1~2cm 정도 내려오면 적당하다.

착용하기 전 구김이 없이 다림질 상태가 좋은지, 오염이 되지 않았는지, 단추가 떨어지지 않았는지 실밥이 나오지는 않았는지 미리 확인한다. 상의 주머니에 소지품을 넣어 불룩하게 나오지 않도록 유의한다. 재킷의 단추는 평소에 잠그는 것이 단정하고 정돈되어 보인다. 가장 위의 단추를 잠그고 맨 아래 단추는 잠그지 않아도 무방하다. 의자에 앉을 때는 단추를 풀고 앉고 다시 일어설 때는 단추를 잠근다. 재킷을 탈의하고 일을 하고 있는 중에라도 상급자나 고객 앞에서는 재킷을 착용하는 것이 예의이다.

4) 바지

바지선은 잘 다려서 구김이 생기지 않도록 하고, 바지 밑단이 뜯어져 있는지 확인한다. 무릎이 나와 있는 바지를 착용하지 않도록 한다. 유행에 지나치게 민감하여 통이 너무 좁거나 바지 길이가 짧은 것은 공식 석상에서 적절하지 않다.

바지 길이는 밑단 앞쪽이 구두에 가볍게 닿고 뒤쪽은 굽이 약간 보일 정도로 양말이 보이지 않도록 하는 것이 적당하다. 바지 주머니에도 소지품을 넣어 불룩하게 하지 말고 바지선이 곧게 뻗도록 한다.

5) 드레스 셔츠

일반적으로 와이셔츠라고 알고 있으나 정식 명칭은 드레스 셔츠이다. 주로 흰색이나 밝고 옅은 색상을 선택하고 화려한 무늬의 셔츠는 피한다. 구김이 없도록 다림질 상태를 확인하고 단추가 떨어진 곳은 없는지 오염이 된 곳은 없는지 확인 후 착용한다.

땀 흡수가 잘되는 면소재가 적당하며 단추는 목부분까지 모두 채우는 것이 단정해 보인다. 소매길이는 재킷 소매 밖으로 1~1.5cm 정도 나오는 것이 적당하며 셔츠 칼라는 재킷 깃보다 1~1.5cm 정도 올라오는 것이 좋다. 셔츠는 바지 밖으로 나오지 않도록 한다.

셔츠 구입 시 셔츠의 색상뿐만 아니라 목둘레와 셔츠 칼라의 디자인을 염두해 두고 선택한다. 셔츠 칼라에 따라 다양한 연출을 할 수 있다.

▪ 셔츠 칼라의 종류

- 레귤러 칼라(Regular Collar)
- 윈저 칼라(Winsor Collar or Half Wide Collar)
- 와이드 칼라(Wide Spread Collar)
- 버튼 다운 칼라(Button-Down Collar)
- 탭 칼라(Tap Collar)
- 핀 칼라(Pin Collar)
- 차이나 칼라(Chinese Collar)

6) 넥타이

넥타이는 남성 정장에서 다양한 변화를 줄 수 있다. 사람의 시선이 가장 먼저 머무는 V-zone의 셔츠 칼라, 넥타이 구성에 따라 다양한 분위기를 연출할 수 있다. 넥타이를 선택할 때는 자켓과 셔츠의 색상,

셔츠의 칼라, 넥타이의 폭 등 다양한 부분을 고려해야 한다.

▪ 넥타이의 종류

- 포 인 핸드 타이(For in hand tie) : 가장 일반적으로 착용하는 넥타이
- 에스코트 타이(Ascot tie)
- 보우 타이(Bow tie)
- 스턱 타이(Stuck tie)

넥타이는 셔츠 칼라의 디자인과 넥타이의 폭에 따라 다양한 매듭법을 활용할 수 있다.

▪ 넥타이 매듭

- 플레인 노트(Plain knot)
- 윈저 노트(Windsor knot)
- 하프 윈저 노트(Half windsor knot)
- 더블 노트(Double knot)
- 블라인드 폴드 노트(Blind fold knot)

넥타이를 매었을 때 넥타이의 끝부분이 벨트 버클의 중간 정도 오도록 하는 것이 적당하다. 조끼를 입은 경우에는 조끼 하단으로 넥타이가 나오지 않도록 한다. 넥타이의 매듭은 칼라의 중앙에 오도록 하며 넥타이 매듭의 중간에 주름이 한 개 잡히도록 하면 세련미를 더해준다.

7) 벨트와 서스펜더

벨트착용은 반드시 하고 슈트와 어울리는 색상으로 착용한다. 일반적으로 검정색이나 갈색 계열을 사용한다. 가죽 제품이 적당하며 버클은 화려하거나 지나치게 크지 않은 심플한 것으로 사용한다.

서스펜더는 바지를 고정시켜 주어 바지 주름선이 돋보이도록 해준다. 서스펜더를 착용할 때는 벨트 착용 바지보다 허리가 1.5cm 이상 길어야 하고 전체 길이도 길어야 한다. 벨트와 서스펜더를 동시에 사용하는 것은 삼가고, 키가 작거나 뚱뚱한 사람은 피하는 것이 좋다.

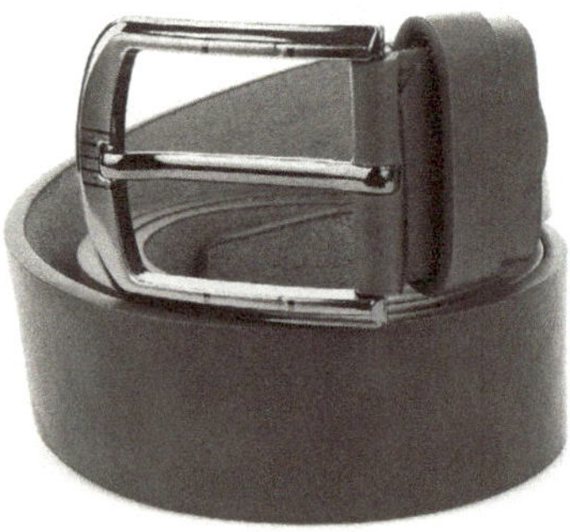

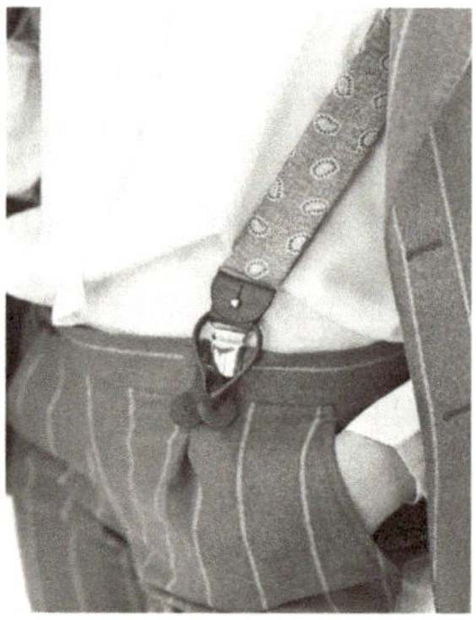

8) 양말

슈트 착용 시 양말은 실크 소재의 정장용으로 착용하며 흰색 스포츠 양말은 피한다. 양말의 색상은 검정색과 같은 진한 색이나 구두 또는 슈트와 같은 계열의 색을 신는다. 양말의 길이는 앉았을 경우 다리 맨살이 보이지 않을 정도로 길어야 한다.

9) 구두

정장용 구두는 스트레이트 팁 슈즈 또는 윙 팁 슈즈와 같이 끈이 있는 가죽 소재의 디자인이 적절하다. 구두의 색상도 검정색이나 갈색 계열의 색을 일반적으로 많이 신는다. 구두와 가방의 색상을 동일 계열로 맞추는 것도 좋다. 구두는 항상 청결히 관리하여야 하며 굽이 닳으면 즉시 굽을 교체한다.

10) 액세서리

- 타이홀더(Tie holder)

  일반적으로 넥타이핀이라고 하는데 넥타이를 고정하기 위해 사용한다. 셔츠 단추 위에서 3번째 정도 위치에서 셔츠와 넥타이를 함께 잡아준다. 옷차림이 정돈되어 보이도록 도와준다. 슈트 재킷과 넥타이의 모양과 어울리는 디자인으로 선택하고 지나치게 화려하면 좋지 않다.

- 커프링크스(Cufflinks)

  커프스버튼이라고도 하며, 셔츠 소매 단추부분에 사용되는 장식용 단추이다.

5 퍼스널 컬러

패션은 이미지를 형성하는 데 중요한 요소이고, 패션을 좌우하는

데 컬러는 핵심적인 역할을 한다. 자신의 체형에 잘 어울리는 패션 연출과 함께 자신에게 어울리는 퍼스널 컬러(Personal Color)를 찾아 활용하면 본인의 이미지를 더욱 효과적으로 표현할 수 있다.

독일의 색채학자 요하네스 이텐은 인간의 피부색을 4계절과 연결지어 설명했다. 인간의 타고난 컬러를 '머리카락색, 눈동자색, 피부색'의 3가지로 크게 구분하였다. 이러한 색을 기본으로 하여 자신에게 어울리는 봄, 여름, 가을, 겨울의 4계절 컬러가 결정되고 봄과 가을의 warm톤과 여름과 겨울의 cool톤으로 구분지을 수 있다. 본인의 퍼스널 컬러를 진단하기 위해서는 햇빛이 비치는 자연광 상태에서 하는 것이 좋다. 또한 화장을 하지 않은 맨얼굴 상태로 다양한 컬러의 천을 얼굴 바로 아래 대어 피부색의 느낌을 관찰하여 평가, 분석한다.

퍼스널 컬러 판별은 다음과 같다. 어울리는 색의 경우 얼굴 혈색이 좋아 보이고 피부톤이 정리되고 깨끗해 보이며 화사해 보인다. 얼굴의 잡티와 주름살 등의 단점이 눈에 덜 띄게 된다. 그 컬러가 자신의 퍼스널 컬러가 되는 것이다. 자신에게 가장 잘 어울리는 퍼스널 컬러를 활용하여 호감가는 이미지를 연출하는데 활용할 수 있다.

6 복장 상태 점검하기

전신 거울 앞에 서서 자신의 복장 상태를 점검해 본다.

CHAPTER 04

표정

이 미 지 트 레 이 닝

CHAPTER 04

표정

1 표정의 중요성

표정은 마음속의 품은 감정이나 정서, 심리 상태가 겉으로 드러나거나 또는 그런 모습을 뜻하며, 이미지메이킹의 가장 핵심적인 키워드이다. 한 사람의 '얼(정신)'이 담긴 '굴(窟)'이라는 얼굴에 표정이 드러나는 것은 당연하다. 신체부위 중 얼굴은 다른 사람이 바라보는 첫 번째 신체 기관으로 타인들과의 대면 상황에서 자연스럽게 흥미의 초점이 되고 얼굴 표정만으로도 그 사람의 기분 상태, 건강 상태, 교양 정도를 가늠할 수도 있다. 즉, 표정은 나를 상대에게 보여주는 창구역할을 하며 상대방에게 호감을 주기도 하고 불쾌감을 주기도 한다. 표정은 자신을 보여주는 이력서와도 같은 역할을 한다. 대인관계에 있어서 밝고 긍정적인 표정은 매우 중요하며 좋은 첫인상의 시작은 미소 띤 밝은 얼굴에서 시작한다.

2 밝은 표정의 효과

사람에게는 다양한 표정이 있다. 웃는 표정, 슬픈 표정, 우는 표정, 화난 표정 등 여러 표정 중 자신은 물론 상대방의 기분도 좋게 만들어 주고 주위를 즐겁게 해주는 표정은 단연 밝게 웃는 표정이다. 이러한 밝고 긍정적인 표정은 다양한 긍정적 효과를 가져다주고 상대에게 호감과 신뢰감을 형성하는 데 도움을 준다. 표정이 좋지 않은 사람에게는 다가가기도 어렵고 부정적인 선입관을 가지기 쉽다.

보통 웃어보라고 하면 웃을 일이 없는데 어떻게 웃냐고 말을 한다. 그러나 웃는 얼굴을 내가 먼저 상대방에게 보여주면 주변이 함께 즐거워짐을 알 수 있다. '웃을 일이 있어야 웃는 것인가. 웃으니까 웃을 일이 생기는 것인가.' 웃을 일이 있어야 웃는 것이 아닌, 마인드 컨트롤을 통해 밝게 웃는 표정을 만들어 보면 내 마음도 즐겁고 하루를 즐겁게 시작할 수 있다.

나의 밝은 표정으로 주변이 즐거워지고 상대의 기분까지 좋게 해주고 주변이 모두 즐거워진다면 호감효과를 일으켜 나의 이미지를 긍정적으로 향상시키게 될 것이다. 부드럽고 밝은 표정 만들기는 활짝 웃는 모습이 가장 좋다. 그러나 웃는 표정이 부자연스럽다면 오히려 가식적으로 느껴질 수도 있으므로, 자연스럽게 미소 지을 수 있어야 한다.

자연스럽게 밝은 표정을 짓기 위해서는 평상시 꾸준한 연습과 반복적인 훈련이 필요하다. 또한 긍정적인 사고와 마음을 편안하게 하고 스트레스를 줄이는 것도 좋은 방법이 된다. 웃는 표정을 지어보라고 하면 대부분 입모양만 웃는 경우가 있는데, 이것은 진정한 웃는 표정은 아니다. 입모양뿐만 아니라 눈, 코, 입 등 얼굴 전체가 웃고 있어야 진정으로 웃는 것이고, 그 진심이 상대에게도 긍정적으로 전달된다.

밝고 자연스럽게 웃는 표정을 기본으로 가지고 있다면 다른 다양한 표정들도 효과적으로 표현해 낼 수 있다. 밝고 긍정적인 표정의 위력은 다음과 같이 대단하다.

- 마인드 컨트롤 효과: 웃음이 뇌에 긍정적 신호로 전달되어 기분이 좋아지고 마음의 평온함을 느낄 수 있도록 한다.
- 감정이입의 효과: 상대에게 좋은 감정을 이입하는 효과가 있다.
- 호감 형성의 효과: 상대로 하여금 호감과 친근함을 느끼게 하여 긍정적 이미지를 형성하는 데 도움을 준다.
- 실적 향상의 효과: 즐겁게 일을 하게 되어 일의 능률이 오르고 결과적으로 실적이 향상된다.
- 신바람 효과: 상호 간의 밝은 표정이 조직의 업무 효율성을 높이고 분위기를 부드럽게 하여 즐겁게 일하는 분위기를 만들어 준다.
- 건강증진의 효과: 웃음을 통해 긴장과 불안이 해소되면서 스트레

스가 해소되고 면역기능이 증가한다.

그렇다면 지금 나의 표정은 어떠한가?

- 밝고 경쾌한 표정인가?
- 얼굴 전체가 자연스럽게 웃고 있는가? 아니면 입만 웃고 있는가?
- 자세나 시선이 바뀌면 표정이 굳어지는가?
- 상황과 상대에 맞는 표정을 지니고 있는가?
- 호감 가는 인상을 가지고 있는가?

3 밝고 긍정적인 표정 연출

1) 시선 처리

눈은 마음의 창이라고 한다. 눈의 표정을 통해 좋은 관계를 이끌어 낼 수 있는 좋은 커뮤니케이션 수단이다. 자연스럽고 부드러운 시선과 느낌으로 상대를 바라보는 것이 중요하다. 그렇다고 너무 오래 집중해서 상대의 눈을 쳐다보면 서로 불편함을 느끼거나 공격적인 느낌을 받을 수 있다. 눈과 미간, 코 사이를 자연스럽게 번갈아 보는 것도 방법이다. 상대가 남성인 경우 눈썹 위쪽을 바라보는 것은 삼가고, 눈썹부터 넥타이 매듭 정도 사이에서 자연스럽게 시선을 처리하는 것이 바람직하다. 상대가 여성인 경우는 턱 위쪽으로 시선을 처리하여 서로 간의 오해가 발생하지 않도록 하는 것이 좋다.

안경을 착용한 경우에는 안경 너머로 본다거나 안경을 들었다 놓았다를 너무 반복하면 불안해 보이므로 유의하는 것이 좋다. 또한 눈은 서로의 진심을 확인할 수 있는 마음의 창과 같다. 컬러렌즈를 착용하여 본인의 눈을 가리는 것은 진심을 나누어야 하는 고객 대면 서비스에는 적절하지 못함을 유의해야 한다.

상대의 시선을 피하지 않고 대화 도중에도 긍정적인 표정 연출을 하며, 자신 있는 표정과 미소와 부드러움을 유지하는 것이 필요하다. 자연스러운 시선처리 즉, eye contact는 상대의 말을 경청하는 의미이고, 상대를 존중하는 표현이며, 자신의 자신감을 표현하는 방법이므로 중요하다.

피해야 할 시선처리는 다음과 같다.

- 시선을 마주치지 않는 것: 대화에 집중하지 않는 것으로 보여 불쾌감을 조성한다.
- 곁눈질: 대화 내용에 불만이나 의심을 품은 느낌이다.
- 위로 치켜뜨는 눈: 상대방에 대한 거부감이나 항의의 표시로 느껴진다.
- 아래로 내리뜨는 눈: 거만하게 보이고, 상대를 무시하는 느낌을 준다.
- 빤히 쳐다보는 눈: 의심을 하거나 취조를 당하는 느낌을 준다.
- 위아래로 훑어보는 시선: 불신과 경멸감을 느끼게 한다.

2) 입 모양

입꼬리가 양쪽 위로 균형 있게 올라가 있는 모습은 자연스러운 미소를 만들어 상대를 편하게 만들어 준다. 또한 웃는 표정임을 확실하게 알 수 있도록 해주는 것도 입의 역할이다. 입술을 내밀거나 입꼬리 모양이 비뚤어지면 불만이 있어 보일 수 있다. 입을 벌리고 있으면 생각이 없어 보이거나 관심이 없는 모습으로 보일 수 있다.

밝게 웃는 입모양과 살짝 미소띤 입모양 모두 자연스럽게 연출하기 위해서는 긍정적인 마인드 컨트롤과 함께 평상시 미소 훈련을 통해 이루어질 수 있다.

4 표정 연습

밝은 표정은 상대방의 경계심을 없애고 친근감을 전달하여 좋은 커뮤니케이션을 이끄는 매우 중요한 도구로 작용하므로 다양한 표정 연출을 위한 꾸준한 연습이 필요하다. 얼굴의 근육들을 이완시키는 연습을 충분히 하여 자연스러운 표정을 연출할 수 있도록 한다. 다음 순서대로 연습해 본다.

① 눈썹 운동 : 눈썹을 위 아래로 움직여 이마와 눈 근육을 풀어준다.

- 눈썹을 최대한 위로 올렸다가 원 위치로 내린다. (5회 반복)

② 눈 운동

- 눈을 지그시 감았다 세게 감았다를 반복한다.
- 눈동자를 최대한 왼쪽을 보고 3초 유지하고, 오른쪽을 보고 3초 유지, 위쪽을 보고 3초 유지, 아래쪽을 보고 3초 유지한다.
- 눈동자를 왼쪽 방향으로 크게 한 바퀴 원을 그려준다. 반대 방향으로 크게 원을 그려준다. (4회 반복)

③ 코 운동

- 냄새를 맡는 듯한 표정을 만들어 코 주위의 근육도 풀어준다.

④ 볼 운동

- 볼 근육을 풀어주기 위해 입안 가득 공기를 넣은 상태로 좌우 상하로 움직여 본다.

얼굴의 근육을 이완시켰다면, 환한 미소를 짓는 연습을 해보자. 얼굴 전체를 볼 수 있는 거울을 준비하여 자신의 표정을 보면서 연습하면 효과가 더욱 좋다. 기분 좋은 생각을 하면서 '~이'로 끝나는 단어들을 말하며 입꼬리를 자연스럽게 올려본다. 예를 들어 스마일~, 위스키~, 멋있지~, 개구리~ 등 단어들의 어미를 3~5초 정도 소리 내며 미소를 유지해본다. 이때 입모양만 웃는 것이 아니라 눈도 함께 웃는 것이 중요하다.

처음 연습할 때는 어색하고 미소를 유지하는 것이 어려울 수 있으나 꾸준히 연습을 통하여 자연스럽게 미소를 지을 수 있게 된다. 표정에 대한 연습이 진행되어 자신의 밝고 자연스러운 표정을 기억하면 일상생활을 하면서 거울을 보지 않고 표정을 지어보는 습관을 가져본다. 무의식적으로 생활하다가도 순간 나의 표정이 현재 어떤 상태인지 스스로 느껴보고 긍정적인 표정으로 전환시키는 연습을 한다면, 무표정은 치아가 보이지 않아도 입꼬리가 살짝 올라가 있는 자연스럽고 부드러운 표정이 되고, 밝은 미소는 치아가 보이도록 활짝 웃는 표정이 될 것이다.

마스크를 착용한다고 해서 표정을 파악하기 어려운 것은 아니다. 마스크를 착용했음에도 불구하고 현재 상대방이 웃고 있는지, 화난 표정을 하고 있는지, 그 사람의 기분까지 느낄 수 있다.

반복적으로 꾸준한 표정 연습을 하여 밝은 사람, 친절한 사람, 긍정적인 사람, 함께 일하고 싶은 사람의 이미지를 가지도록 해보자.

CHAPTER 05

인사

이 미 지 트 레 이 닝

CHAPTER 05

인사

1 인사의 의미

인사는 대인관계의 기본이며 중요한 행위이다. 인사는 마음가짐의 외적 표현으로 상대를 응대할 때 그 시작이며 마무리이다. 그러므로 사회생활을 함에 있어서 인사를 제대로 하는 것이 매우 중요한 것임을 알 수 있다. 특히 우리나라는 예의범절을 중요시해 왔기 때문에 더더욱 인사를 잘하고 못하는 것으로 사람의 됨됨이를 판단해 왔다.

인사는 윗사람에 대한 존경심의 표현이며, 아랫사람에 대한 자애심의 표현이고, 고객에 대한 서비스 정신의 표현이며, 자신의 인격을 표현하는 행동이라고 할 수 있다. 우리는 매일의 일상생활에서 많은 사람들을 만나고 인사를 나눈다. 인사는 우리 생활에서 빼 놓을 수 없는 중요한 부분이다. 그러나 모든 사람들이 인사를 잘하고, 기분좋게 하는 것은 아니다. 자신이 속한 사회에서 인정받고 성공하고 싶다면 인사의 중요성을 알고, 인사를 제대로 할 수 있도록 하는 것이 중요하다.

사람과의 만남에서 인사를 잘하는 것으로 시작하면 상대방의 마음을 사로잡을 수 있다. 인사는 모든 인간관계의 시작을 열어주는 중요한 도구이며, 인사하는 사람의 자신감, 능력 등을 표현할 수 있는 방법이다. 또한 인사할 때 예의 바르고 절도있게 한다면 더욱 좋은 첫인상을 전달할 수 있다. 그러므로 상황에 적절한 인사로 긍정적이고 호감 가는 이미지를 연출할 수 있도록 한다.

자신은 인사를 했다고 생각하고 있으나 상대방은 인사를 받지 못했다고 느끼는 경우도 있고, 인사를 서로 주고받았으나 기분이 오히려 나빠지는 경우도 있다. 그렇다면 어떻게 인사하는 것이 잘하는 것이고 서로가 즐거운 인사가 될 수 있는지 인사의 핵심포인트를 알아보자.

1) 인사의 핵심 포인트

- 인사는 내가 먼저

인사는 반드시 아랫사람이 윗사람에게 먼저 해야 한다는 편견은 버리자. 상대방을 알아봤다면 내가 먼저 인사한다는 마음가짐과 자세가 필요하다. 서로 어색한 사이에도 밝은 인사로 그 어색함을 사라지게 하고 관계를 부드럽게 만들어주는 윤활유 역할을 인사가 할 수 있다. 상대로부터 인사를 먼저 받으려고 기다리지 말고, 내가 먼저 인사하는 자세를 보이는 것이 필요하다.

- 상대방과 시선을 맞추고

서로의 eye contact가 되지 않은 상태에서는 누구에게 인사를 했는지, 인사를 받았는지 확인하기 어렵다. 부끄럽거나 쑥스러워서 상대의 눈을 쳐다보지 못하고 바닥이나 다른 곳을 보며 인사하는 경우가 있는데 이것은 제대로 된 인사라고 할 수 없다. 시선을 맞추고 예의 바른 인사를 하는 것이 중요하다.

- 밝게, 정중하게

기본적으로 인사는 밝게, 즐겁게 하는 것이 서로의 기분을 좋게 하는 방법이다. 인사는 만남의 시작이므로 그 만남을 즐겁게 생각한다는 표현을 한다. 예외적으로 슬프거나 안좋은 상황일 경우에는 그 상황에 적절한 분위기를 연출하는 것도 필요하다.

- 상황에 적합한 인사말과 함께

인사를 할 때 고개만 숙이거나 허리만 숙이는 경우가 많다. 그러나 동작뿐만 아니라 상황에 맞는 인사말과 함께 인사를 한다면 더욱 진정성 있는 인사로 느껴지고 상대방에 대한 관심도 표현할 수 있어서 더욱 효과적이다.

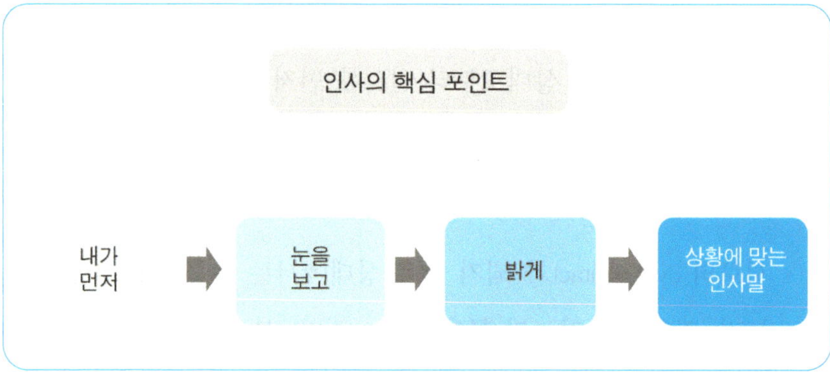

2) 피해야 하는 인사

- 눈을 마주치지 않는 무성의한 인사
- 인사말을 흘리듯이 분명하지 않은 인사
- 무표정한 형식적인 인사
- 허리를 90도로 굽히는 과도한 태도의 인사
- 계단 위에서 아래에 위치한 윗사람에게 하는 인사

2 인사의 기본 자세

인사를 할 때는 인사하기 전, 인사 중, 인사 후의 자세가 모두 바른 자세를 유지하는 것이 예의 바르고 절도있게 보인다. 평상시 서 있을 경우, 고객을 응대하는 경우에도 이 기본 자세를 취하면 바른 자세를 유지할 수 있다. 단정하고 준비된 인사 기본 자세를 익혀본다.

■ 시선과 표정

인사할 때 눈은 매우 중요한 포인트이다. 상대방의 눈을 보고 인사하는 것이 중요하다. 부드러운 눈빛으로 상대방의 눈을 보며 인사를 하고 인사 후에도 상대의 눈을 본다. 표정 또한 밝고 부드러운 미소로 상대방에게 반갑고 친근한 마음을 자연스럽게 전달할 수 있어야 한다. 상황을 고려하지 않고 그저 반복적이고 습관적으로 형식적인 인사를 하는 경우에는 상대방이 부담스럽게 느끼고 진정한 환영을 받는다는 느낌을 받지 못할 것이다. AI 시대에서 기계와 다른 사람으로서의 진정성을 전달할 수 있는 인사는 시선과 표정에서 온다고 볼 수 있다.

■ 고개

고개는 똑바로 들고 정면을 바라보며 반듯하게 한다. 턱은 내밀지 말고 자연스럽게 약간 당겨주고 거북목이 되지 않도록 한다.

■ 어깨

어깨는 곧게 펴고 힘을 뺀 상태에서 자연스럽게 내린다. 어깨가 굽지 않도록 유의한다.

■ 등, 허리, 배

등과 허리는 곧게 펴서 일직선이 되도록 한다. 배는 내밀지 말고 살짝 넣어준다.

■ 손

공수자세(供水姿勢)를 취한다. 공수자세는 두 손을 마주잡아 공손한 자세를 취하는 것을 말하는데, 여성과 남성의 손 위치가 다르므로 유의해야 한다. 여성의 경우, 오른손이 위로 오도록 잡고 남성의 경우는 반대로 왼손이 위로 오도록 한다. 그러나 흉사에 참석했을 경우에는 공수의 위치가 평상시와 반대가 된다. 일반적인 공수를 여우남좌(女右男左)라고 외우면 실수하지 않을 수 있다.

인사 시 기본자세로 남성의 경우는 공수자세 또는 차렷자세를 취하면 된다. 자연스럽게 주먹을 쥐고 양손을 바지 옆 재봉선에 위치시킨다.

▪ 무릎, 발

다리는 일자가 되도록 붙이는 것이 단정해 보인다. 무릎을 붙이고 발뒤꿈치도 붙인다. 발의 앞쪽은 살짝 벌려주면 다리 모양도 반듯해 보이고 자세를 취하는 것도 편안하다. 발의 앞쪽을 남성의 경우 30도 정도 벌려주고, 여성의 경우는 15도 정도 살짝 벌려준다. 여성의 경우 알파벳 'y'자 모양으로 발모양을 만들어도 좋다.

3 인사의 방법

인사를 할 때 상대방을 존중하고 환영한다는 의미를 전달하기 위해 예의 바르고 절도있게 한다. 움직이거나 걸어가면서 하는 인사, 고개만 까딱하는 인사, 다른 곳을 바라보며 하는 인사는 성의 없는 인사로 상대방의 기분을 오히려 상하게 할 수 있다. 바르고 예의 바른 인사 방법을 습득하여 실생활에 제대로 활용한다면 타인들이 평가하는 자신의 이미지가 매우 긍정적으로 향상될 것이다.

1) 인사 방법

▪ 인사의 기본 자세를 취한다.

바르게 서서 여성은 공수자세, 남성은 차렷자세로 기본 자세를 취한다.

- 상대의 눈을 보며 인사말을 한다.

밝은 표정과 부드러운 눈빛으로 상대의 눈을 보며 상황에 적합한 인사말을 한다.

- 상체를 숙인다.

고개를 숙이는 것이 아니라 허리를 숙여 인사를 한다. 이때 주의할 것은 상체를 숙였을 때 '머리-목-등-허리'가 일직선이 되도록 하는 것이다. 머리나 목이 빠지거나 떨어지지 않도록 하는 것이 바른 자세이다. 허리를 숙이는 각도는 상황을 고려하여 조절한다.

- 멈춤 동작을 한다.

상체를 숙였다가 바로 허리를 세우는 것이 아니라, 상체를 숙인 상태에서 1초 정도 잠시 멈추었다가(stop motion) 허리를 세운다. 이러한 멈춤 동작은 매우 정중하고 절도있게 보이도록 해준다.

- 상체를 든다.

허리를 들어 상체를 세울 때는 허리를 숙일 때에 비하여 천천히 한다. 이러한 세세한 동작과 속도가 정중하고 절도있는 모습을 보여준다.

- 상대방의 눈을 본다.

똑바로 서서 상대방의 눈을 바라보며 밝은 표정을 한다.

2) 인사의 속도

인사를 할 때 허리를 숙이는 각도와 속도는 매우 중요하다. 인사의 속도가 너무 빠르면 성의가 없어 보이고 기계적으로 보인다. 속도가 너무 느리면 매우 바쁜 생활 속에 사는 현대인들은 인사가 끝나기를 기다려 주기가 어려울 수 있다.

인사를 할 때 마음속으로 '하나'하면서 허리를 숙이고, 1초 정도 멈추었다가 '둘, 셋'에 원위치를 하면 그 속도가 적절해진다.

3) 인사의 시점

일반적으로 30보 정도 이내에서 마주칠 경우 인사를 한다. 가장 좋은 시점은 상대방과의 거리가 6보 정도 앞에서 시선을 마주하는 거리에서 하는 인사이다. 먼 거리에서 상대를 알아봤다면 우선 가벼운 목례를 한 후 신속하게 상대방의 앞으로 가서 적정 거리에 다가서게 되면 정식으로 다시 인사를 한다. 갑자기 마주치게 되면 즉시 인사를 하는 것이 좋고, 계단 이동 중에는 상대와 같은 위치로 이동하여 정중하게 인사를 한다.

4 인사의 종류

인사는 마음가짐뿐만 아니라 기본자세를 비롯한 형식도 중요하다. 허리를 굽히는 인사는 동양적이고 한국적인 색채가 강하고 겸손의 미덕이 느껴지는 인사법이다. 상황에 따라 그 마음의 깊이를 전달하기 위해 허리를 숙이는 각도를 조절한다.

1) 목례

상체를 숙이지 않고 가볍게 머리만 숙여서 하는 인사이다.

아무 말 없이 고개만 끄덕이는 것이 아닌 웃는 얼굴로 눈인사를 하며 5도 정도 가볍게 숙여서 인사한다. 낯선 사람이나 동료, 후배와 인사를 나눌 때, 회사나 학교 복도에서 2회 이상 만난 경우, 양손에 짐을 든 경우, 통화 중인 경우 목례를 할 수 있다.

2) 약례

상체를 15도 정도 허리를 숙여 가볍게 하는 인사이다.

상사, 고객, 동료, 아랫사람, 회의 시 할 수 있는 인사이다. 상사나 고객을 같은 상황에서 여러 번 마주친 경우, 실내 · 통로 · 엘리베이터 등 협소한 공간, 화장실과 같은 개인적인 공간, 회의 시 출입하는 경우(회의에 방해되지 않을 정도)에 약례를 할 수 있다.

3) 보통례

가장 일반적인 인사이며 허리를 30도 정도 숙여 하는 인사이다.

상사, 고객, 윗사람을 만났을 때, 보편적으로 처음으로 만난 상대와 나누는 인사이고 상사에게 보고하는 경우에도 할 수 있다. 일상생활에서 가장 자연스럽게 보이는 인사로 일반적인 접객, 환영, 전송의 경우에도 보통례를 하면 된다.

4) 정중례

가장 정중하고 공손한 인사로 상체를 45도 정도 숙여 인사한다.

정중하게 감사를 표현하는 경우, 진심으로 사과를 하는 경우, VIP 고객이나 직장의 CEO를 맞이하는 경우, 면접이나 공식적인 자리에서 정중례를 하면 된다.

5) 특례

90도로 상체를 숙이거나 왕족에 대한 인사 등 매우 특별한 경우의 인사를 의미한다.

5 인사 연습

인사는 누구나 하는 것이고 쉬운 것이라고 생각할 수 있으나, 예의 바르고 정중하며 절도있는 인사를 하는 사람은 매우 드물다. 인사를 잘 활용하여 자신을 긍정적이고 호감적인 이미지로 상대에게 인식되고 싶다면 평소에 바른 인사연습을 해야 한다. 기본자세부터 시선 처리, 표정, 허리의 각도, 인사말 등 유의해야 할 사항들을 생각하며 연습을 해본다.

1) 기본자세 연습

전신 거울을 보며 기본자세를 연습한다.

정면을 응시하며 자신의 표정이 밝은 미소를 짓고 있는지 눈빛은 부드러운지 확인한다. 고개가 떨어지지는 않았는지, 자세를 취할 때 좌우균형이 맞는지, 다리 모양은 일자로 가지런한지 확인한다. 공수자세는 자연스럽게 연출할 수 있는지 연습한다. 공수자세를 취할 때 배꼽인사가 되면 부자연스러울 수 있으므로 성인답게 자연스럽고 정중한 느낌이 들도록 연습한다. 공수자세를 취하여 바른 자세를 계속 유지할 수 있도록 연습한다.

2) 구령에 맞추어 인사 연습하기

동료와 2인 1조로 짝을 지어 서로 마주보며 인사 연습을 한다.

우선 서로 시선을 맞추고 밝은 표정을 지어본다. 이때 물론 인사의 기본자세를 취한다. 인사의 각도와 속도를 연습하기 위하여 한 명은 '하나~, 둘, 셋'의 구령을 해주고 다른 한 명은 그 구령에 맞추어 인사를 해본다. '하나~'에 숙이고, '둘, 셋'에 허리를 세운다. 허리를 숙일 때 머리-목-등-허리가 일자가 되는지, 턱이 밖으로 빠지지 않는지, 고개가 숙여지지 않는지 점검한다. 허리를 숙인 상태에서 멈춤 동작을 잊지 않는다. 구령의 '둘, 셋'에서 허리를 일으킨다. 이러한 방식으로 서로 번갈아가며 인사 연습을 하고 잘 안되는 부분은 교정할 수 있도록 도와준다.

3) 상황별 인사말과 함께 인사 연습하기

상황에 따른 적절한 인사말을 다양하게 하며 인사를 연습한다.

가장 일반적인 인사말로 "안녕하십니까."로 시작해본다. 이때 "~니~"를 말하는 시점에 허리를 숙인다. 인사말을 시작하고 완전히 인사말이 끝나기 전에 허리를 숙인다고 생각하면 된다.

다음 인사말을 포함한 다양한 상황별 인사말을 밝고 자신있게 하면서 인사 연습을 해본다.

- 안녕하십니까.
- 반갑습니다.
- 어서오십시오.
- 감사합니다.
- 안녕히 가십시오.

이미지트레이닝

CHAPTER

06

자세와 음성

이 미 지 트 레 이 닝

CHAPTER 06

자세와 음성

1 자세와 태도의 중요성

자세는 마음의 표현이며, 태도는 어떠한 일이나 상황 따위를 대하는 마음가짐 또는 마음가짐이 드러난 자세를 뜻한다. 올바른 자세와 태도는 상대에게 긍정적인 호감을 주고 신뢰감을 준다. 언행과 태도, 자세가 합쳐져서 상대에게 배려하는 마음과 존중하는 마음을 전달하게 된다. 그러므로 올바른 자세를 몸에 익혀서 성실하고 예의바른 긍정적인 이미지를 만들어 좋은 인간관계를 형성할 수 있도록 해야 한다.

바른 자세를 유지하게 되면 적극적이고 자신감이 생겨난다. 또한 신체적으로 건강을 유지할 수 있으며 건강하고 듣기 좋은 목소리를 낼 수 있도록 도와준다. 서 있을 때, 걸을 때, 앉아있을 때, 방향을 가리킬 때와 같이 생활의 다양한 상황 속에서 올바른 자세와 태도를 연출하기 위한 연습을 해본다.

2 서 있는 자세

모든 자세의 기본은 바르게 서 있는 자세로부터 시작된다. 전신 거울 앞에서 자신의 서 있는 모습을 정면, 측면에서 점검해 보고 바른 자세를 연습한다.

1) 바르게 선 자세

- 부드러운 시선과 밝은 표정으로 정면을 응시한다.
- 고개는 들고 턱은 살짝 안쪽으로 당긴다.
- 목은 똑바로 하고, 어깨는 펴고 힘을 빼고 자연스럽게 한다. 몸 안쪽으로 어깨가 굽지 않도록 한다. 양쪽 어깨가 대칭을 이루도록 한다.
- 가슴을 펴고 등과 허리도 곧게 편다.
- 아랫배에 힘을 주어 단전을 단단하게 한다.
- 손은 공수(拱手)를 한다. (여성–공수자세, 남성–공수자세 또는 차렷자세)

- 무릎을 붙이고 발뒤꿈치도 붙인다.
- 발의 앞쪽은 살짝 벌려 V자 모양으로 자연스럽게 한다.
- 몸의 중심은 양쪽 엄지발가락에 두고, 몸의 힘을 한쪽에 두지 말고 균형을 유지하여 선 자세를 유지한다.
- 상체가 좌우 또는 앞뒤 한쪽으로 기울어지지 않도록 유의한다.
- 엉덩이가 뒤로 빠지지 않도록 한다.

2) 바르지 못한 선 자세

- 정면 응시 또는 시선을 맞추지 않은 자세
- 표정이 어둡거나 무표정한 경우
- 거북목이 되어 고개가 앞으로 빠진 경우
- 상체가 한쪽으로 기울어져 균형이 맞지 않는 자세
- 다리 한쪽에 힘을 실어 서 있는 자세
- 주머니에 손을 넣고 서 있는 자세
- 무릎이나 다리를 벌리고 서 있는 자세

3 앉은 자세

1) 남성

- 서 있는 상태에서 의자와의 간격이 반보 정도 되도록 간격을 유지한 상태에서 한쪽 발을 의자 쪽으로 뒤로 하여 의자를 확인

한 후 한번에 앉는다.

- 의자 깊숙이 엉덩이를 밀어 넣고 허리를 펴고 앉는다.
- 의자 등받이에 등을 기대지 않고 주먹 하나 들어갈 정도 간격을 두고 반듯하게 앉는다.
- 어깨와 허리를 펴서 반듯하게 앉는다.
- 무릎과 발은 자신의 골반 넓이로 벌려 앉고, 무릎과 발이 일직선이 되도록 하고 발끝은 11자 모양으로 한다.
- 손은 가볍게 주먹을 쥐고 양쪽 무릎 위에 올려 놓는다.
- 고개는 들고 정면을 응시하고 밝고 부드러운 표정을 한다.

2) 여성

- 서 있는 상태에서 의자와의 간격이 반보 정도 되도록 간격을 유지한 상태에서 한쪽 발을 의자쪽으로 뒤로 하여 의자를 확인한 후 한번에 앉는다.
- 스커트를 입은 경우 치마 뒤쪽을 살짝 정리하며 앉는다.
- 의자 깊숙이 엉덩이를 밀어 넣고 허리를 펴고 앉는다.
- 의자 등받이에 등을 기대지 않고 주먹 하나 들어갈 정도 간격을 두고 반듯하게 앉는다.
- 어깨와 허리를 펴서 반듯하게 앉는다.
- 무릎과 발은 붙인다.
- 다리는 일직선이 되도록 하거나, 20도 정도 살짝 발을 옆쪽으로 두어도 좋다. 다리와 발목, 발이 일직선이 되도록 한다.
- 발을 의자 안쪽으로 밀어넣지 않는다.

- 두 손은 모아 다리 위에 올려놓아 스커트 끝자락이 들뜨지 않도록 한다.
- 고개는 들고 정면을 응시하고 밝고 부드러운 표정을 한다.

3) 바르지 못한 앉은 자세

- 의자 등받이에 등을 심하게 기대고 앉아서 거만해 보인다.
- 의자 끝에 걸터앉아서 불안해 보인다.
- 등을 구부리고 앉는다.
- 남성의 경우 다리를 너무 많이 벌리고 앉거나 너무 모으고 앉는다.
- 여성의 경우 무릎을 붙이지 않고 앉는다.
- 다리를 꼬고 앉는다.

- 다리를 A자 모양이나, 발목을 꼬고 앉는다.
- 팔짱을 끼고 앉는다.
- 다리를 떤다.

4 걷는 자세

사람들의 걸음걸이를 보면 그 사람의 건강 상태, 기분 상태, 성격도 예상할 수 있다. 건강한 신체를 위해서 뿐만 아니라, 자신의 자신감과 능력을 표출할 수 있도록 바르게 걷는 자세를 연습한다. 걸음걸이는 전신 거울을 보며 연습하고, 평소 생활에서 바른 걷는 자세를 유지할 수 있도록 꾸준한 연습을 해야 한다.

1) 바르게 걷는 자세

- 시선은 정면을 향하고, 턱은 살짝 안으로 당겨주고 자연스러운 상태로 걷는다.
- 등을 곧게 펴고 허리에 힘을 주어 몸의 중심을 잡는다.
- 가슴을 활짝 펴고 어깨는 힘을 빼고 자연스럽게 걷는다.
- 배에 가볍게 힘을 주고 배의 긴장상태를 유지한다.
- 발뒤꿈치 → 발바닥 → 발가락의 순서로 바닥에 닿도록 걷는다.
- 무릎이 벌어지지 않도록 하고 무릎이 서로 스치도록 걷는다.
- 워킹라인을 여성은 1자가 되도록 걷고, 남성은 11자가 되도록 걷는다.
- 양손은 가볍게 주먹 쥔 상태에서 흔들리는 대로 자연스럽게 한다. 단, 팔이 양 옆으로 벌어지지 않도록 한다.

2) 바르지 못한 걷는 자세

- 걸을 때 어깨가 한쪽으로 기울어진다.
- 턱과 목이 앞으로 빠지거나 숙이고 걷는다.
- 배를 내밀고 걷는다.
- 몸을 움츠린 채로 걷는다.
- 신발을 끌면서 걷는다.
- 발소리를 쿵쿵 울리도록 걷는다.
- 팔자걸음이나 안짱걸음으로 걷는다.
- 주머니에 손을 넣고 걷는다.

5 방향 안내 자세

일상생활에서 사람들은 많은 동작을 하고, 다양한 자세와 태도를 보이게 된다. 한번의 자세와 태도로 상대를 기분 좋게 할 수도, 불쾌하게 할 수도 있다. 얼굴의 표정뿐만 아니라 우리의 동작, 손짓 하나에도 표정이 있다고 생각하자. 장소를 안내하거나 방향을 가리킬 때 자세가 바르지 못하다면 상대에게 불쾌감을 줄 수 있다. 무심코 한 작은 행동과 자세가 자신의 이미지를 결정할 수 있다.

방향을 가리킬 때는 삼점법에 유의하여야 한다. 삼점법이란, 시선의 방향을 '상대방 얼굴 → 가리키는 방향 → 상대방 얼굴'로 시선의 방향을 이동시키는 것을 의미한다.

- 표정은 밝고 부드럽게 한다.
- 손가락을 가지런히 모은다.
- 손바닥을 45도 정도 비스듬히 기울여 위로 향하게 한다.
- 손등이 보이지 않도록 하고, 손목은 꺾이지 않고 일자가 되도록 한다.
- 오른쪽을 가리킬 때는 오른손을, 왼쪽을 가리킬 때는 왼손을 사용한다.
- 가까운 거리는 팔꿈치를 굽히고, 먼 거리는 팔꿈치를 펴서 거리감을 표현할 수 있다.
- 한쪽 손은 방향을 가리키고 나머지 한쪽 손은 허리 쪽에 자연스럽게 위치하도록 하여 공손한 느낌을 주도록 한다.

- 사람을 가리킬 때는 두 손을 사용한다.
- 뒤쪽을 가리킬 때는 뒤로 몸의 방향을 틀어 가리킨다.
- 손가락이나 고갯짓으로 방향을 가리키거나 상대의 눈을 보지도 않고 가리키는 자세는 상대를 매우 불쾌하게 할 수 있다.
- 동작은 절도있게 하여 방향의 정확성을 기하고, 시선과 함께 동작을 마무리한다.

6 물건 수수 자세

물건을 잡을 때, 물건을 전달할 때, 바닥에 떨어지니 물건을 집어 올릴 때의 얼굴 표정, 손짓, 다리 동작, 자세 등은 상대를 존중하는 마음, 배려하는 마음을 외적으로 표현한다.

- 표정은 밝고 부드럽게 한다.
- 물건은 가슴과 허리선 사이에서 잡고 전달한다.
- 서류나 문서 종류는 전달받는 상대가 읽을 수 있는 방향으로 전달한다.
- 칼이나 가위처럼 날카로운 물건은 손잡이를 상대가 잡을 수 있도록 전달한다.
- 물건을 전달할 때는 두 손으로 전달하는 것이 우선이나, 물건이 너무 작은 경우에는 한 손을 받쳐서 전달하면 공손한 느낌을 줄 수 있다.
- 바닥에 떨어진 물건을 주울 때는 허리만 굽히는 것이 아니라 다리를 굽혀 앉은 자세에서 주워 올리는 것이 좋다.
- 물건을 전달한 후에는 가볍게 목례를 하고 한두 걸음 뒷걸음하여 되돌아온다.

7 음성 이미지

시각적 요소와 함께 청각적 요소도 첫인상을 결정짓는 중요한 부분이다. 목소리는 타고나는 것이지만 노력과 훈련으로 목소리의 분위기는 변화시킬 수 있다. 목소리는 다양한 특색이 있고 그 사람의 성격이나 인격, 직업, 지적 수준까지 느낄 수 있도록 해준다. 품격있는 목소리는 개인의 이미지를 결정하는데 외모보다 중요한 역할을 할 수도 있다. 이상적인 목소리는 부드럽고 톤과 음량이 좋으며 적절한 속도를 가진 목소리이다. 더불어 자신감 있는 목소리와 정확한 발음으로 바른 언어표현을 사용한다면 긍정적인 음성 이미지를 연출할 수 있다.

듣기 좋은 목소리를 가지기 위해 연습을 할 때는 롤모델을 선정하여 벤치마킹하는 방법도 좋다. 아나운서나 성우의 자세와 목소리를 흉내 내는 것으로 시작하여 자신의 음색과 음역대를 찾아갈 수 있다. 매일 일정량의 책이나 신문을 소리내어 읽는 연습을 하고, 녹음 후 들어보며 자신의 목소리 장단점을 파악하여 보완해 나간다.

1) 발성 연습

좋은 목소리를 위해 꾸준히 훈련해야 하는데 그 기본은 바른 자세와 복식호흡에서 시작된다. 복식호흡은 가슴이 아닌 배에 중심을 두고 깊게 호흡하는 방법이다. 복식호흡을 하면 폐활량을 늘릴 수 있어서 오랫동안 말을 해도 힘이 덜 든다. 처음에는 복식호흡이 어렵지만 반복적인 연습을 통해 자유스럽게 할 수 있도록 한다.

○ 복식호흡 훈련

- 등을 곧게 펴고 바른 자세를 취한 후 배 위에 손을 올려 놓는다.
- 코로 숨을 천천히 길게 복부 깊이까지 들이마시고 복부를 팽창시킨다.
- 4초 동안 숨을 들이 마시고, 4초 동안 멈추고, 4초 동안 숨을 내쉰다.
- 숨을 내쉴 때는 후~ 하는 소리와 함께 복부를 수축시킨다.

2) 발성법

자신에게 가장 편안한 음역대를 찾아야 한다. 복식호흡으로 '아~' 소리를 길게 숨이 다할 때까지 내는데 각기 다른 음역대에서 소리를 내본다. 다양한 음역대 중 가장 편안하고 가장 길게 소리를 낼 수 있는 자신만의 음역대를 찾는다.

복식호흡을 하면서 숨을 내쉴 때 소리를 내는데, 이어서 내는 것이 아니라 스타카토 방식으로 짧게 끊어서 소리를 내본다. 소리를 낼 때마다 복부도 동시에 움직이도록 해본다.

3) 발음 연습

정확한 발음으로 말하는 것은 발성과 함께 매우 중요하다. 목소리가 듣기 좋다고 하더라도 발음이 부정확하다면 의사전달이 명확히 이루어지기 어렵기 때문이다. 평소 정확한 발음을 내기 위한 연습을 꾸준히 해야 한다.

입 주변과 입술, 혀를 움직여 근육을 이완시켜 준다. 말을 할 때는 입술 모양을 정확하게 만들어 준다. 정확한 발음을 내기 어려울 경우

볼펜이나 연필을 입에 물고 정확한 발음으로 소리내어 글을 읽는 연습을 한다. 읽기 어려운 발음으로 구성된 문장들을 적어 놓고 소리내어 정확하게 읽어 내려가는 연습을 하는 것도 좋은 방법이다. 자신의 소리를 녹음하여 재생해보면 어떤 발음이 잘 되고 잘되지 않는지 파악하기 용이하다.

4) 다양한 표현 방법

억양에 적절한 변화를 주면 생동감 있는 표현이 될 수 있다. 말할 때 강약을 조절하여 강조하고 싶은 단어는 힘주어 말하고 부정적인 부분에서는 톤을 낮추어 강조할 수도 있다. 우리말에서는 장음과 단음이 있어서 구분하여 말을 하면 정확한 의미를 전달할 수 있다. 말을 하다가 잠시 공백을 두면 상대의 집중도를 높이고 핵심을 강조할 수 있다. 목소리가 작다면 복식호흡을 통해 호흡량을 크게 하면 효과가 있다. 다양한 방법을 통해 듣기 좋은 음성과 정확한 의사전달, 생동감 있는 대화를 할 수 있게 되고 그로 인해 긍정적이고 호감 가는 이미지를 구축할 수 있다.

5) 목소리 관리

좋은 목소리를 유지하기 위해서는 평소 관리가 중요하다. 수분을 충분히 공급해주기 위해 물을 많이 마시는 것이 좋고, 바른 자세를 유지하며 말을 하는 습관을 가진다. 음주, 흡연, 카페인 등은 체내의 수분을 빼앗아 성대를 건조하게 만들기 때문에 피하는 것이 좋다.

이미지트레이닝

이 · 미 · 지 · 트 · 레 · 이 · 닝

PART 02

커뮤니케이션

이 미 지 트 레 이 닝

CHAPTER

07

커뮤니케이션 개념

이 미 지 트 레 이 닝

CHAPTER 07

커뮤니케이션 개념

1 커뮤니케이션의 정의

커뮤니케이션의 어원은 라틴어인 'communis'이며, '공동의, 공통의'라는 뜻이다. 커뮤니케이션은 서로의 생각, 느낌 등의 정보를 주고받는 일을 말하며 말이나 글, 그 외의 소리, 표정, 몸짓 등의 다양한 수단을 통해 이루어진다. 일반적으로 의사소통, 의사전달로 표현한다.

사람들은 자신의 생각과 감정을 서로 표현하고자 하며 그 역할을 커뮤니케이션이 하는데 현대 사회는 인간관계를 형성하고 유지하기 위해서 효율적인 커뮤니케이션을 해야 한다. 현대 디지털 시대의 개인과 기업의 성패는 커뮤니케이션의 능력에 달려있다(Bill Gates)고

해도 과언이 아니다.

여러분들은 상호 간의 대화를 통해 의도한 바 그대로 충분히 의사소통이 잘 되고 있다고 생각하는가? 커뮤니케이션을 효율적으로 명확하게 하는 것은 생각만큼 쉽지 않다. 커뮤니케이션을 잘하기 위한 방법을 습득하고 능력을 키워나가는 것이 자신의 경쟁력이 될 것이다.

2 커뮤니케이션의 구성 요소

커뮤니케이션(Communication)은 다양한 구성 요소의 상호작용으로 이루어진다. 상대에게 자신의 생각, 정보, 의견 등을 전달하고자 하는 사람을 발신자 또는 송신자(Sender)라고 한다. 그 내용을 메시지(Message)라고 하고, 메시지를 받는 사람을 수신자(Receiver)라고 한다. 발신자가 전달하고자 하는 내용들은 언어, 몸짓, 기호 등의 다양한 형태로 전환하는 과정 즉 부호화(Encoding)를 거치고, 수신자는 부호화 또는 코드화(Encoding)하여 전달된 메시지를 해석하는 해독(Decoding) 과정을 거친다. 이 과정에서 발신자는 수신자에게 메시지를 전달하기 위해 사용하는 경로(Channel)를 선택하게 되고, 채널은 커뮤니케이션의 목적에 따라 선택된다. 수신자는 메시지에 노출된 후 행동(Response)과 다양한 반응(Feed back)을 보이게 된다.

커뮤니케이션은 그림과 같이 순환되며 상호 간에 계속적으로 이루어지는 과정이다. 커뮤니케이션이 이루어지는 상황의 주어진 환경

(Environment)에 따라 메시지가 의도하는 바가 잘 이루어질 수도 있고, 왜곡되어질 수도 있다.

커뮤니케이션 과정에서 방해가 되는 요인들을 잡음(Noise)이라고 하며 잡음은 물리적 잡음, 심리적 · 정신적 · 의미상 잡음으로 구분할 수 있다. 예를 들어 주변 공사 현장의 소음이 심하여 메시지 전달에 문제가 발생한다면 물리적 잡음이라고 할 수 있다. 발신자와 수신자가 서로의 문화적 차이나 가치관의 차이로 인해, 또는 선입견이나 편견으로 인해 커뮤니케이션에 오류가 발생한다면 심리적 잡음이 작용했다고 할 수 있다. 원활한 커뮤니케이션을 하고자 한다면 이러한 장애 요인인 잡음(Noise)을 제거하려는 노력이 필요하다.

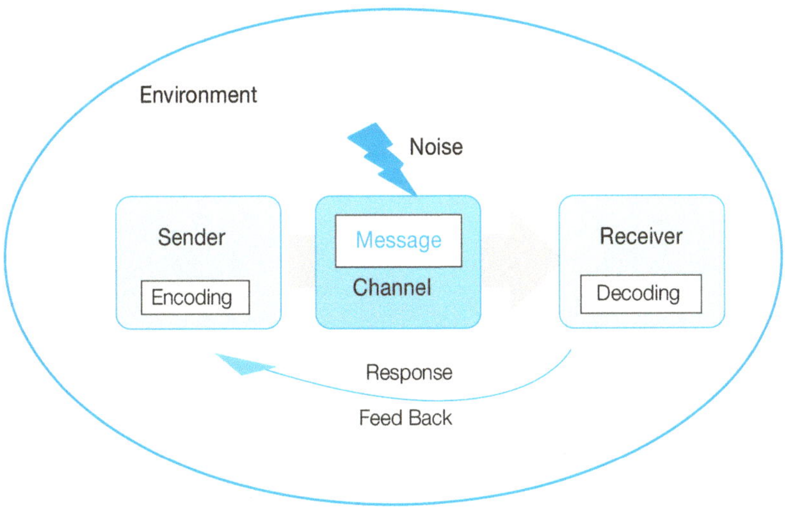

〈커뮤니케이션의 구조〉

3 커뮤니케이션 유형

커뮤니케이션은 전달 수단에 따라 언어적 커뮤니케이션(Verbal Communication)과 비언어적 커뮤니케이션(Non-verbal Communication)으로 구분된다.

1) 언어적 커뮤니케이션

언어적 커뮤니케이션은 정보와 의사전달에 가장 일반적으로 사용되는 커뮤니케이션 방법이고, 구두 커뮤니케이션과 문서 커뮤니케이션으로 구분할 수 있다.

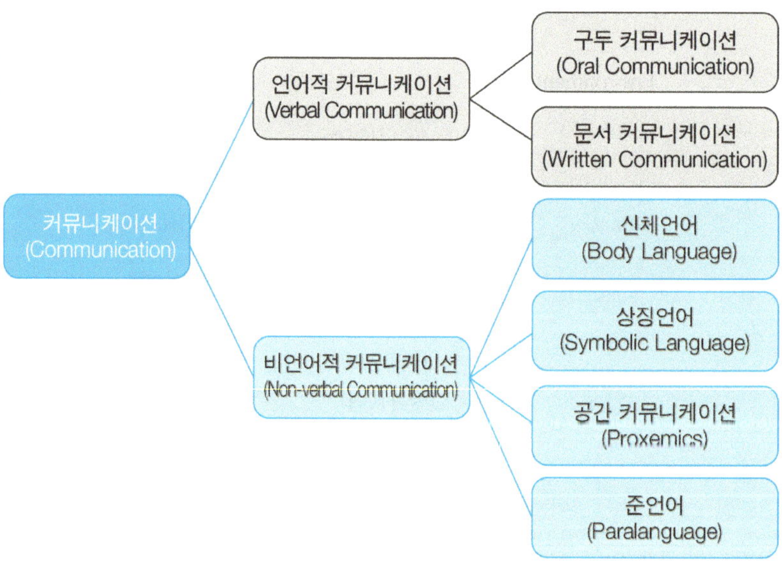

〈커뮤니케이션 유형〉

구두 커뮤니케이션은 가장 기본이 되는 커뮤니케이션이다. 일반적인 대화, 지시, 명령, 회의, 발표, 청취, 면접, 협상, 설득에 사용된다. 특별한 도구나 시간이 걸리지 않고 바로 이루어질 수 있고, 쌍방 커뮤니케이션이 가능하다는 장점이 있다. 그러나 기록이나 유지가 어렵고 정확성이 떨어질 수 있다는 것은 단점이다.

구두로 이루어지는 커뮤니케이션도 있지만 보고서, 메모, 편지, 메뉴얼, 간행물, 포스터, 소셜 네트워크 발표, 회의, 설득에 사용될 수 있는 문서 커뮤니케이션도 있다. 중요한 사안의 경우 기록이 필요하므로 더욱 효과적일 수 있다. 또한 책임 소재가 분명해진다. 그러나 일방 커뮤니케이션이 될 수도 있다는 점이 단점이다.

2) 비언어적 커뮤니케이션

일반적으로 의사소통에는 언어적 커뮤니케이션이 가장 많이 이용될 것으로 생각하지만, 실생활에서 비언어적 커뮤니케이션은 의사소통의 70~90%를 차지할 정도로 많이 이용되고 있다.

비언어적 커뮤니케이션이란 구두 · 문서 커뮤니케이션을 제외한 커뮤니케이션을 의미하며 의도적 · 비의도적 정보전달이다. 가장 대표적인 것이 신체언어(Body Language)이다. 언어의 사용 없이 이루어지는 생각이나 감정 전달도 커뮤니케이션에 포함된다.

비언어적 커뮤니케이션은 언어적 커뮤니케이션과 함께 이루어지기도 한다. 무의식적으로 일어나는 반응들은 감정과 심리적 정보를 전달하므로 오히려 신뢰성이 높을 수 있다.

신체언어(Body Language)는 손 · 발 · 눈 · 머리 등의 몸동작, 자세,

표정 등이 해당 된다. 대화 시 시선을 맞추고 있다면 대화에 집중을 하고 있다는 의미이고, 대화 중 중간중간 고개를 끄덕이는 것은 경청하고 있음을 의미한다. 팔짱을 끼고 등받이에 기대어 늘어져 있는 자세를 취하고 있다면 대화하기 싫고 관심이 없다는 의미이다. 이처럼 말로 표현하지 않지만 말보다 더 큰 의사소통을 하고있는 것이다. 단정한 용모복장도 상대에게 긍정적인 신뢰감을 전달해주는 커뮤니케이션이 되는 것이다. 눈짓, 손짓, 표정, 자세 하나하나가 상대에게 의미를 전달하고 있음을 알고, 긍정적 의미를 전달하기 위한 생활습관이 필요하다.

교통신호나 사이렌, 다양한 기호, 표시 등도 상징언어(Symbolic Language)로 비언어적 커뮤니케이션에 해당된다.

사람과 사람 사이의 간격(거리)을 보면 그들의 관계 또는 상황을 예상할 수 있다. 커뮤니케이션을 할 때 공간이나 거리 유지를 이용하는 것이다. 이것을 공간 커뮤니케이션 또는 근접학(Proxemics)이라고 한다. 친밀한 거리는 0~45cm 정도의 거리이며 가족, 부모, 연인 등 정서적으로 가까운 사람이 그 안으로 들어가는 것이 허락된다. 개인적 거리는 45~120cm 정도의 거리이며 손을 뻗으면 닿을 수 있는 정도의 거리로 격식과 비격식의 관계를 넘나드는 거리이다. 사교 모임, 친구 모임, 동아리 모임 등 제한적 관계의 사람들에게 허락되는 거리이다. 사회적 거리는 120~360cm 정도의 거리이며 업무상 미팅이나 공식적인 상호작용을 할 때의 거리이다. 제 3자가 개입해도 자연스럽다. 공적인 거리는 360cm 이상의 거리이며 대중 앞에 서서 연설하는 경우와 같은 거리이다.

준언어(Paralanguage)는 몸짓, 표정, 목소리의 강세, 속도, 크기, 억양 등을 의미하고 같은 언어의 내용이라도 준언어에 따라 그 의미는 크게 달라질 수 있다.

4 커뮤니케이션의 장애 요인

커뮤니케이션이 원활하게 이루어지는 것을 방해하는 요인들은 많다. 이러한 장애요인들을 파악하고 제거하려는 노력을 해야 한다.

문화적 차이, 가치관 등의 차이로 메시지의 의미를 달리 해석할 수 있고, 내용이나 방법, 결과 등에 관한 지식과 기술이 부족한 경우도 커뮤니케이션이 제대로 이루어지지 않는 이유이다. 발신자의 메시지에 대해 수신자의 신뢰도가 낮으면 그 내용을 받아들이기를 거부할 가능성이 있으며, 사람들은 본인이 믿고 있는 정보와 다른 정보를 접하게 되면 거부하려는 경향이 있다. 또는 수신자의 선입견으로 인하여 메시지의 수용과 해석에 영향을 줄 수 있다.

의사소통이 잘 안되는 경우는, 화자에게 문제가 있을 수 있다. 상대방의 말에는 응답하지 않고 자신의 말만 반복한다거나, 발음이나 화술 부족으로 메시지를 의도하는 대로 전달하지 못하는 경우도 있고, 혼합된 메시지를 사용하는 경우, 개인적 견해나 심리 상태로 인해 정확한 메시지가 전달되는 데 방해를 줄 수 있다.

듣는 사람의 문제인 경우도 있다. 경청하지 않거나, 발신자의 의도를 제대로 파악하지 못하는 경우, 청자의 과거 경험에 의한 오해와 편견이 있을 수 있다.

또는 부적절한 언어, 전문 용어 사용, 거리가 멀어 잘 들리지 않는 경우, 시간에 쫓겨 급하게 메시지가 전달되는 경우 커뮤니케이션의 오류가 발생할 수 있다.

5 경청

효과적인 커뮤니케이션을 위해서는 정확한 메시지를 전달하기 위한 노력이 필요하고 장애요인들을 제거하는 것이 필요하지만 더욱 중요한 것은 바로 경청이다. 경청을 잘하기 위한 기법은 다음과 같다.

- 1 · 2 · 3 경청기법 : 1번 말하고, 상대의 말을 2번 들어주고, 3번 공감하며 대화한다.

- B.M.W. 공감적 경청기법
  - Body(자세) : 표정, 눈빛, 자세, 움직임을 상대에게 기울인다.
  - Mood(분위기) : 말투, 음정, 음색, 말의 속도, 높낮이를 고려한다.
  - Word(말의 내용) : 상대를 존중하고 상대가 원하는 것이 무엇인지 집중하여 듣는다.

- 적극적 경청기법 : 감각, 태도, 신념, 감정, 직관을 말하는 사람 중심으로 듣는다.

- 질문활용 경청기법 : 오해, 왜곡의 여지가 있는 부분은 질문을 통해 확인하여 서로 신뢰를 쌓는 대화를 한다.

경청을 하기 위해서는 상대의 말을 들을 때 다른 생각을 하지 말고, 상대의 이야기를 들을 때 지적하거나 판단하려고 집중하는 것을 피하고, 듣는 것에 비해 말하는 것을 선호한다면 지양해야 한다.

6 대화법

커뮤니케이션에서 말하기와 듣기는 모두 중요하다. 대화를 나눌 때 같은 내용이라고 하더라도 듣는 사람이 기분 나쁘지 않게 대화 분위기를 즐겁게 또는 목적을 이루기 위한 방향으로 유도하기 위해서는 상황에 따라 다양한 대화법을 활용하는 것이 좋다.

- 긍정 화법

  대화할 때는 긍정적인 부분을 중심으로 말을 한다. 긍정적인 단어와 긍정적인 문장을 사용하는 사람은 표정도 매우 긍정적이다. 상대방은 긍정적이고 호감 가는 이미지를 가지게 된다.

- 신뢰화법

  상대방에게 신뢰를 줄 수 있는 화법이다. 말의 어미를 '다까체' 또는 '요조체'를 상황에 맞도록 적절하게 활용하는 것이다. 다까체는 정중한 느낌을 전달할 수 있고 딱딱한 느낌을 줄 수도 있다.

요조체는 친근함을 줄 수 있지만 과다하게 사용하게 되면 오히려 신뢰도를 떨어뜨릴 수 있다. 다까체와 요조체를 7:3 정도의 비율로 사용하면 적절해진다.

- 정중한 화법(다까체) 70% : ~입니다. ~입니까?
- 부드러운 화법(요조체) 30% : ~에요. ~죠?

▪ 쿠션화법

상대방의 감정이 상하는 것을 최소화하는 화법이다. 본론으로 바로 들어가 단정적인 표현을 하는 것보다는 먼저 공손하게 미안한 마음을 전하는 것이다.

- 실례합니다만~, 괜찮으시다면~, 죄송합니다만~, 말씀 중 죄송합니다만~

▪ 청유형 화법

상대방의 의견을 구하는 표현으로 말하는 방법이다. 명령형으로 말을 하면 듣는 사람은 거부감을 가질 수 있다. 상대방이 나의 얘기를 듣고 스스로 결정해서 따라올 수 있도록 한다.

- 조금만 기다리세요. → 조금만 기다려 주시겠습니까?
- 안전벨트 매세요. → 안전벨트 매 주시겠습니까?

▪ PREP 화법

PREP 화법은 발표, 연설, 면접, 보고, 대화 시 설득력을 높여주는 방법이다. 청자의 입장에서 화자의 말하는 내용의 핵심을 파악하기에도 용이하게 해준다.

- P(Point, 주장) : 우선 결론을 간단하고 명료하게 말한다.

- R(Reason, 이유) : 결론을 뒷받침해 줄 수 있는 근거를 제시한다.
- E(Examlpe, 예) : 관련 사례를 제시한다.
- P(Point, 주장) : 다시 결론을 강조하며 맺는다.

■ Yes, But 화법

상대의 의견에 반대할 때, 간접적으로 상대방 입장을 고려하여 먼저 상대의 의견을 수용하고 긍정한 후 자신의 의견과 생각을 말하는 것이다. 회의, 토론, 일상 대화 등에서 많이 사용된다.

- 네, 맞습니다. 그러나 제 생각에는 ~

■ I Message 화법

주어가 나로 시작하는 문장으로 표현을 할 때 'I-Message 화법', 주어가 너로 시작하는 표현을 하면 'You-Message 화법'으로 볼 수 있다. '너'를 주어로 하여 대화를 시작하면 듣는 사람은 공격적이고 강요당하며 비난당하는 느낌을 받기 쉽다. 그러면 자연스럽게 상대는 반감을 가지게 되고 변명하거나 공격성을 보일 수 있다. '나'를 주어로 대화를 시작한다면 개방적이고 솔직하다는 느낌을 전달할 수 있다. 상대는 자발적으로 문제를 해결하고자 하는 의도를 가지게 된다.

■ 아론슨 화법

미국의 심리학자 아론슨(Aronson)의 연구에 의한 화법이다. 일반적으로 사람들은 부정적인 내용을 먼저 말하고 긍정적인 내용으로 대화를 마감하는 것을 계속 칭찬을 듣는 것보다 더 호감을 가진다고 한다.

이 미 지 트 레 이 닝

CHAPTER

08

통신 커뮤니케이션

이 미 지 트 레 이 닝

CHAPTER 08

통신 커뮤니케이션

커뮤니케이션은 대면 커뮤니케이션 이외에 다양한 채널을 통해 이루어 진다. 현대 사회인들은 바쁘게 살아가며 시간을 절약하기 위해 노력하고, 많은 양의 정보들을 서로 주고받기도 한다. 방법적으로 통신수단을 활용하는 경우가 많고 개인적인 사용, 또는 공개적으로 사용되는 다양한 수단을 통해 커뮤니케이션을 하고 있다. 상황별, 도구별 효과적인 커뮤니케이션을 하기 위한 방법을 알고 단순한 정보 전달이 아닌, 자기 관리의 수단으로 활용할 수도 있다.

1 전화

전화는 우리 생활의 일부이다. 특히 개인 모바일을 소지하지 않은 사람이 없을 정도로 일상화되어 있다. 너무 흔한 도구가 된 전화, 과연 전화를 이용한 커뮤니케이션은 효과적으로 이루어지고 있는가, 서로 모습이 보이지 않는다고 하여 예의에 벗어나 서로의 이미지를 부정적으로 만들고 있지는 않은가 생각해 볼 필요가 있다.

전화는 개인 생활의 일부분이지만 업무적으로 연장선상에 있으며 인간관계의 친목을 돈독하게 하는 수단이다. 서로의 모습을 보지 못하고 목소리로만 통화를 하지만 당시 분위기와 느낌이 그대로 전달된다.

오히려 전화 통화는 서로의 모습을 볼 수 없고 목소리로만 전달되기 때문에 더욱 정중하고 공손하게 응대해야 하며, 더욱 명확한 내용을 전달하기 위해 노력해야 한다.

밝고 친절하며 정중하고 공손한 느낌을 전달하기 위해서는 표정을 관리하면 된다. 목소리의 질을 결정하는 것은 바로 표정이기 때문이다. 전화 응대를 할 때는 친절한 마음과 태도를 표현하는 가장 기본은 바로 밝은 미소를 띤 표정이다. 업무관련 전화 통화 시에는 긍정적이고 적극적인 마인드와 자신감을 가지고 응대해야 하며, 개인의 전화 한 통이 기업의 이미지를 대표한다는 의식을 가지고 있어야 한다.

대면 커뮤니케이션에서는 시각적인 부분이 이미지를 결정하는 데 가장 큰 부분을 차지하지만, 전화는 비대면이므로 이미지를 결정하는

데 청각적인 부분이 대부분을 차지한다.

전화응대를 할 때는 '신속, 정확, 친절'의 기본원칙을 기억하며 응대한다. 전화는 벨이 3회 이상 울리기 전에 받고, 내용은 정확하게 전달되어야 한다. 정확한 발음과 밝은 목소리로 말하고, 말의 속도를 조절하고 강조할 부분은 강세를 둔다. 말끝을 흐리지 말고 명료하게 맺고, 상대가 이해하기 쉬운 용어를 사용한다. 그리고 항상 친절하게 응대해야 한다.

1) 전화 받기

- 전화를 받을 때 벨이 울리면 3회 이내에 받는다.
- 3회 이상 벨이 울린 이후에 전화를 받았을 경우, "늦게 받아 죄송합니다."라고 전화를 받는 것이 예의이다.
- 사무실 전화의 경우에는 전화기 옆에 메모 도구를 비치해 둔다.

- 전화를 받으면 왼손으로 잡고 오른손으로는 메모할 준비를 한다.
- 전화를 받을 때 인사말과 함께 자신의 소속과 이름을 밝힌다.
- 상대와 용건을 확인한다.
- 상대가 찾는 사람이 부재중인 경우, 메모를 남기거나 대행자를 소개한다.
- 부재중인 사람의 휴대전화 번호와 같은 개인 정보는 전달하지 않도록 유의한다.
- 메모 내용은 전화 건 사람은 누구인지, 몇 시에 전화가 왔는지, 어떤 용건으로 전화를 했는지, 회신 여부 요청은 있었는지, 전화 메모를 전달하는 사람의 이름까지 자세하게 기입한다.
- 상대가 찾는 사람이 통화 중이라면, 양해를 구하고 기다리실지 통화 직후 전화를 드릴지 여쭈어본다.
- 통화 종료 시 끝인사를 한다.
- 상대가 전화를 끊은 것을 확인하고 끊는다.

2) 전화 걸기

- 전화를 걸 때는 상대방의 T.P.O.를 고려한다. 너무 이른 아침이나 늦은 시간은 피하는 것이 좋다. 만약 긴급한 용건이라면 문자를 먼저 발송해 통화 가능 여부를 확인한다.
- 용건을 미리 정리하여 메모한 후 전화를 건다.
- 상대가 전화를 받으면 자신의 소속과 이름을 밝힌다.
- 지명인을 정중하게 밝히고 통화를 요청한다.
- 용건을 명확히 정리하여 결론부터 말한다.

- 통화는 간결하게 간단히 한다.
- 지명인이 부재중인 경우 메모를 부탁한다.
- 통화 종료 시 끝인사를 한다.
- 상대가 전화를 끊으면 끊는다.

3) 전화 응대 표현

상 황	표 현
전화를 받거나 걸 경우	"안녕하십니까, OO물산 총무부 OOO입니다."
상대를 기다리게 할 때	"죄송합니다만, 잠시만 기다려 주시겠습니까?"
지명인에게 전화를 바꾸어 줄 때	"잠시만 기다려 주십시오. 연결해 드리겠습니다."
내선번호 이용하여 연결할 때	"잠시만 기다려 주십시오. 연결해 드리겠습니다. 만약 전화가 끊어지면 OOOO번으로 걸어주시면 됩니다."
다른 직원으로부터 전화 연결을 받았을 때	"전화 바꾸었습니다. OOO입니다." "기다리게 해서 죄송합니다. OOO입니다."
잘못 걸려온 전화	"전화를 잘 못 거신 것 같습니다. 여기는 OO입니다."
지명인이 부재중일 때	"지금 자리에 안계신데, 괜찮으시다면 메모를 남겨주시면 전달해 드리겠습니다."
통화 중 전화가 끊어졌을 때	(전화를 건 쪽에서 다시 건다.) "전화가 끊어졌습니다. 죄송합니다."
전화 상태가 안좋아 잘 안들리는 경우	"죄송합니다만, 전화 감이 멀어서 잘 못 들었습니다. 다시 한번 말씀해주시겠습니까?" "죄송합니다만, 전화 상태가 좋지 못하니 다시 걸어주시면 감사하겠습니다."
전화 끊을 때	"감사합니다." "안녕히 계십시오." "좋은 하루 보내십시오."

4) 휴대전화 사용

세계 최고 수준의 휴대전화를 생산해 내고 휴대전화 보급률이 세계 최고인 우리나라 사람들은 휴대전화가 없는 경우가 거의 없다. 휴대전화는 언제 어디서든 사용이 가능하므로 매우 편리하게 사용할 수도 있지만, 전화 건 상대에게 매우 실례가 되는 경우도 있다는 것을 염두해 두어야 한다. 휴대전화가 대중화되고 일반화 될수록 그 사용에 대해서 주의를 할 필요가 있다. 휴대전화 사용 시 에티켓을 지켜 주위 사람들을 배려하도록 한다.

- 집 밖을 나오면 진동으로 해두는 것을 습관화한다.
- 수업 시간에는 휴대전화의 전원을 끄고, 꺼내 놓지 않는다.
- 회의 시간, 상담 시간에는 휴대전화를 무음이나 진동 또는 전원을 끄고 꺼내 놓지 않는다.
- 극장, 공연장에서 공연 중에는 휴대전화를 무음이나 진동 또는 전원을 끈다.
- 상대의 허락 없이 녹음하거나 녹화를 해서는 안 된다.
- 대중교통 이용 시, 주변에 사람들이 많은 장소에서는 통화하지 않거나 조용한 소리로 신속히 통화를 마친다.
- 항공기 내, 병원 내에서 통화를 하지 않는다. 각종 전자기기 사용에 오류를 발생시킬 우려가 있다.
- 휴대전화를 사용할 때에도 상대의 생활시간을 고려하여 전화나 문자를 한다. (오전 9시~ 오후 9시 이외의 시간에 전화를 거는 것은 매우 실례이다.)

- 업무상 문자를 사용할 때에 이모티콘을 사용하지 않도록 하고, 속어나 은어 등의 사용은 자제하고, 정중한 문구를 사용한다.
- 장례식이나 조문 시에는 고인과 상주에 대한 결례이므로 가급적 휴대전화 사용을 자제한다.

2 이메일

학생들은 이메일 사용보다 휴대전화를 이용한 통화, 문자, SNS 이용을 즐겨한다. 그러나 비즈니스 사회에서는 업무적으로 이메일을 매우 자주 사용하고 있고 최근에는 휴대전화를 이용하여 이메일을 확인할 수 있어서 이메일 사용이 더욱 편리해졌다.

1) 이메일의 장단점

이메일은 문자나 SNS에 비하여 더욱 공식적이고 격식을 갖춘 느낌을 준다. 본문의 내용을 작성하는데 많은 글자를 적을 수 있고, 서류 형식을 갖출 수도 있다. 또한 많은 정보의 내용들을 파일 형태로 전송할 수 있으므로 비즈니스에 활용하기에 매우 적합한 형태이다. 휴대전화로 전송한 파일의 경우 일정 기간이 지나면 확인이 어렵지만 이메일은 확인이 가능하므로 분실한 서류를 다시 확인할 수 있는 장점도 있다. 또한 무료로 사용이 가능하며 전 세계 어디든 전송이 가능하며 다수의 대상에게 동시에 전송할 수 있는 장점과 참조, 숨은참조, 첨부, 답신 등의 다양한 기능이 있어서 필요에 따라 사용이 편리하다.

그러나 보안의 취약성, 정보 유출의 가능성도 배제할 수는 없다. 그리고 이메일 발송 버튼을 누르고 나면 돌이키기 어렵다. 동일 사이트 내의 전송에 한해서만 발송 취소가 가능하고 상대가 읽기 전에만 가능하다. 상대가 이메일을 읽었다면 취소하기에는 늦었다.

이메일을 사용하지 않는 사람들의 이유를 보면 스팸메일이 너무 많이 오기 때문이라고 한다. 업무적으로 이메일을 사용해야 하므로, 매일매일 스팸메일을 삭제하고 필요한 이메일들을 정리하고 필요한 자료들은 별도 보관 저장하는 것은 필수적이다.

2) 이메일 작성법

- 이메일 제목

이메일의 제목은 매우 중요하다. 일반적으로 "안녕하세요." 등과 같이 제목을 작성했다면 스팸 메일로 오인되어 상대방이 열어보지도 않고 삭제할 가능성이 많다. 그리고 업무적으로 하루에도 많은 이메일을 주고받기 때문에 제목만 봐도 그 내용을 미루어 짐작할 수 있게끔 하는 것이 효율적이다. 간결하고 핵심적인 문구로 간단명료하게 제목을 작성하여 보내면 추후 메일을 찾을 때도 손쉽게 찾을 수 있다.

▪ 발신인(보내는 이름) / 수신인(받는사람)

메일을 보내는 사람을 발신인, 메일을 받는 사람을 수신인이라고 한다. 발신인 이름을 닉네임으로 사용하면 상대방이 메일을 읽기 전에 발신인 이름만 보고 스팸으로 오인할 수도 있고 중요하지 않은 것으로 판단할 수도 있다. 또한 매우 가벼운 인상을 줄 수 있으므로 실명을 사용하는 것이 바람직하다.

수신인을 한 명으로 정할 수도 있지만, 동시에 여러 명의 명단을 입력하여 동시에 발송할 수도 있어서 편리하게 사용할 수 있다. 이때 수신인은 어떤 사람들이 나와 함께 이메일을 받는지 서로 확인이 가능하다.

▪ 참조 / 숨은 참조

수신인 칸에 여러 명의 이름을 작성하여 동시 발송할 수도 있고, 참조 기능을 사용할 때는 본 메일을 참고하는 사람으로 별도로 분류하여 보낼 수도 있다. 예를 들어, 거래처 대표에게 업무 관련 이메일을 보내는데, 참조에 비서의 이메일 주소를 기입하면 대표의 비서도 대표가 동 메일을 수신했다는 것을 알게 되고 내용도 공유할 수 있게 되는 것이다. 이때 수신인은 참조인의 이름을 확인할 수 있다.

그러나 수신인이 굳이 참조인의 이름을 확인하지 않기를 바란다면, 숨은참조를 활용하면 된다. 메일이 동시에 발송되지만 받는 사람은 숨은 참조인이 있는지 누구인지 확인이 불가능하다. 이렇듯 참조, 숨은참조는 업무상 연관성이 있는 사람들에게 전송할 때 선택 사용할 수 있다.

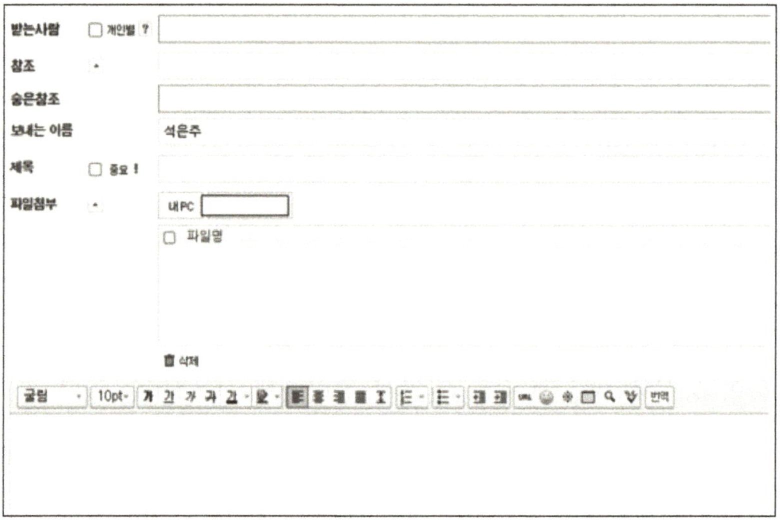

■ 내용

도입부에는 상대의 이름을 불러준다. '안녕하십니까.'보다는 '홍길동 내표님, 안녕하십니까.'로 적는 것이 성의있게 느껴지고 단체 메일이 아님을 확인시켜 주기도 한다.

한 번에 내용이 파악되도록 간단명료하게 내용을 작성하는 것이 원칙이지만 그래도 안부 인사는 반드시 하고 본론으로 들어간다. 결론을 먼저 작성하고 그와 관련된 세부사항을 아래 적어준다. 많은 정보의 내용이 있을 경우에는 첨부 기능을 활용하고 파일을 첨부한다는 사실을 본론에 포함시켜야 한다.

그리고 문장이 끝나면 줄 바꿈을 해주는 것이 받는 사람이 읽기에 용이하다. 또한 이메일에 이모티콘을 사용하는 것은 적절하지 않다.

- 끝인사

마지막에는 끝인사로 마무리한다.

- 발신자명

보낸 사람이 누구인지 알 수 있도록 실명을 사용하며, 서명란에는 회사명, 직급, 연락처 등의 기본 정보를 명기하면 상대가 언제든지 연락하기 쉽다. 또는 회사 명함을 서명란에 사용할 수도 있다. 발신자명으로 마무리하되 이름 뒤에는 '배상', '드림', '올림' 등으로 표기한다.

- 첨부

내용이 많을 경우 파일 형태로 첨부 기능을 이용해 발송한다. 첨부 파일명은 받는 사람이 바로 알아볼 수 있는 이름으로 만들어 보내는 것이 좋다.

- 답신

메일을 읽으면 빠른 시간 내에 답신을 보내는 것이 맞다. 구체적인 내용을 준비할 시간이 필요하거나 상황이 어렵다면 확인했다는 짧은 글이라도 답신을 보내는 것이 좋다.

본 메일과 관련된 답신이나 회신일 경우에는 'Re:' 기능을 사용하면 편리하다. 회신을 받는 사람은 메일에 대한 회신임을 바로 알 수 있다. 그러나 본 메일과 관련 없는 내용을 보내는 경우에는 'Re:' 기능을 사용하면 성의가 없어 보이고 혼선이 올 수 있으니 주의한다.

3 SNS(Social Network System)

커뮤니케이션은 '1:1, 1:다수'의 경우가 있지만 일반적으로 서로 아는 관계이거나 업무적으로 연관이 있는 사람들과 이루어진다. 그러나 현대는 다수의 미지의 대중과 SNS로 커뮤니케이션을 하고 있다. 예전에는 TV, 라디오 방송과 같은 매체의 경우가 그러했으나 이제는 일반인들이 유투브를 통한 개인 방송을 하고, Face book, Instargram 등과 같은 다양한 SNS 상에서의 커뮤니케이션을 한다. 자신이 알리고 싶은 내용, 정보 등을 자유롭게 전 세계의 불특정 다수에게 알릴 수 있는 세상이 된 것이다. 그러나 개인의 사적인 부분을 공개하면서 부정적인 결과가 발생하는 경우가 많이 있다. SNS를 사용할 때는 사적인 부분, 개인 정보 공개는 주의해야 한다. 기업들도 홍보마케팅을 목적으로 SNS를 적극 활용하고 있지만, 해당 기업의 직원들이 사적으로 기업과 연계된 이미지나 사적인 생활을 공개하여 개인뿐만 아니라 기업의 이미시도 함께 실추되는 경우도 있다. 제 3자의 동의를 구하지 않고 공개하여 법적인 문제로 발전되기도 한다. SNS를 긍정적으로 활용하는 것은 매우 고무적이지만 개인적인 부분을 공개하는 부분은 주의를 기울여야 하는 부분임을 주지해야 한다.

이 · 미 · 지 · 트 · 레 · 이 · 닝

PART
03

매너와 에티켓

이 미 지 트 레 이 닝

CHAPTER

09

매너와 에티켓

이 미 지 트 레 이 닝

CHAPTER 09

매너와 에티켓

매너와 에티켓은 일상적으로 자주 사용하는 말이다. 그러나 정확하게 매너와 에티켓이 무엇인지, 그 차이는 무엇인지 아는 사람은 많지 않다. 매너와 에티켓의 개념을 알아보고 실생활에서 어떻게 표현할 수 있을지 알아보자.

1 에티켓(Etiquette)

에티켓은 사전상 의미로 사교상의 마음가짐이나 몸가짐으로 표현된다. 영어 에티켓(Etiqueet)은 프랑스어 'Estiquieu(붙이다)'라는 동사에서 파생된 입간판, 안내표지로 해석될 수 있다. 예절, 예법, 동업자 간의 불문율이라는 의미도 가지고 있다.

지금의 에티켓의 의미가 된 유래는 유럽의 베르사이유 궁전 이야기가 가장 유명하다. 17세기 프랑스의 루이 14세는 왕권강화를 목적으로 지방의 귀족들을 화려하기로 유명한 베르사이유 궁전으로 초대하여 연일 파티를 열었다. 베르사이유 궁전은 매우 넓고 화려하지만 화장실이 별도로 준비되지 않아 개인 이동식 화장실을 가지고 있었다. 파티를 준비하기 위해 베르사이유 궁전에는 264개의 화장실을 준비했지만, 파티에 초대되어 궁을 방문한 수많은 귀족들은 화장실의 존재와 위치를 알지 못했다. 귀족들은 베르사이유 궁전의 아름답게 꾸며진 정원을 화장실로 사용할 수밖에 없었다. 파티가 있었던 다음날이 되면 아름답던 정원은 엉망이 되어 정원사는 정원을 보호하기 위해 '화단을 해치지 마시오.'라는 말뚝을 정원 주변에 박아 두었다고 한다. 이 그러나 잘 지켜지지 않아 왕은 간판의 내용을 공표하게 되고 '지켜야 하는' 의무적 성격을 띠게 된 것이다. 이렇게 말뚝에 붙인 출입금지라는 용어에서 에티켓이 유래되었다고 한다.

또 다른 설은 베르사이유 궁전에서 열리는 파티에 올 수 있는 귀족들은 정식으로 초대를 받아야 가능했고, 궁전 입장 시 초대장을 보여주어야 했다. 이 초대장에는 궁전 내 출입 시 유의사항, 예의범절이 적혀 있었다. 이때 초청장, 입장권의 의미인 ticket에서 유래했다는 것이다.

에티켓 교육은 16세기 에라스무스(Desiderius Erasmus)의 저서 'ON Civility in Children'에서 시작되었다. 가문은 좋지 않으나 상류층에 진출하기를 원하는 소년들을 위한 예의범절 교과서였다. 그 내용은 지금의 에티켓과 큰 차이가 없다.

17세기의 프랑스는 남성 중심의 궁정사회에서 여성 중심의 사교모임이 활발해졌다. 궁전 밖의 귀족들의 저택 응접실에 모여 유명인들의 연회와 문학, 미술, 음악, 과학 등에 대해서 많은 토론과 대화를 나누었다. 이것을 살롱(salon)문화라고 한다. 상류층의 사람들이 많이 모이는 장소이므로 상호 간에 지켜야 할 예의와 규범이 필요했고 에티켓은 많은 사람에게 보급될 수 있었다.

18세기 부르주아 계층의 부상으로 부르주아는 귀족들만의 풍속이었던 에티켓을 따라했고 그렇게 널리 퍼질 수 있었다.

에티켓은 궁정 권력의 중심에서 귀족, 특정 계층 안에서 엄격히 지켜져 온 의식과 절차이다. 그러나 근대 자본주의가 발전하면서 특권층만이 아닌 일반인들 사이에서도 서로 지켜야 하는 예절로 자리를 잡아왔다. 에티켓은 사회의 질서를 지키고 유지하기 위해 발전해 온 것이다.

에티켓은 법적 구속력이나 강제성은 없지만 사회생활을 하면서 지켜야 하는 기본적인 규범, 불문률에 해당된다. 사람들 사이에서의 합리적인 행동 기준이며, 에티켓은 예의범절의 서양적인 개념이다.

2 매너(Manner)

매너(manner)는 사전적 의미로 행동하는 방식이나 자세, 일상생활에서의 예의와 절차이다. 매너는 서양의 개념이며 그 어원을 찾아보면 라틴어인 '마누아리우스(manuarius)'에서 찾아볼 수 있다. manuarius는 manus(손)와 arius(방식, 방법)의 합성어이며, 뜻을 살펴보면 매너는 인간의 행동방식 또는 습관의 표출이라는 의미이다.

매너와 관련된 이야기 중 가장 유명한 것은 영국 엘리자베스 여왕의 이야기이다. 중국 사신이 영국을 방문하여 엘리자베스 여왕과 함께 한 만찬 자리에서 식사를 하게 되었다. 서양식 식사 예절에 대해 잘 몰랐던 중국 사신은 식사 코스 중간에 나온 핑거볼(finger bowl)이 어떤 용도인지 모르고 마셔버렸다. 핑거볼(finger bowl)은 손으로 음식을 먹어야 하는 경우 손가락 끝을 살짝 씻을 수 있도록 준비되는 것이다. 그러나 그것을 모르고 손 씻는 물을 마셔버렸으니 주위의 사람들은 놀라서 당황하였고 그것의 용도를 설명하려고 하였으나 그 모습을 본 엘리자베스 여왕은 자신도 핑거볼의 물을 마셨다는 이야기이다. 엘리자베스 여왕은 핑거볼의 용도를 알고 있었으나, 자신이 손을 씻게 되면 무안해 할 청나라 사신을 배려한 마음에서 한 행동이었다. 이처럼 메너는 상대방을 배려하는 마음에서 나오는 행동이나 방법이다.

매너는 에티켓을 기본으로 하는 배려의 감정이고, 상대가 편안하도록 마음을 표현하는 행동방식이다. 바람직한 매너를 갖추기 위해 말, 행동, 태도, 표정 등을 관리해야 한다. 인간관계를 형성할 때 좋은 매너를 통한다면 사회적인 성공을 이끌어 낼 수 있다. 매너를 강제적으로 의무화 할 수는 없지만 상대방에게 신뢰감과 편안함을 주고 좋은 인간관계를 형성해 가도록 해준다.

3 매너와 에티켓의 차이점

매너와 에티켓은 상대방을 존중하고 배려하는 마음을 기본으로 하고 있다는 것이 공통된다. 사회생활에서 성공과 실패를 좌우할 수 있는 중요한 수단이 되고 좋은 인간관계를 형성하는 기본이 된다.

그러나 엄격히 보면, 매너와 에티켓은 차이가 있다.

에티켓은 지켜야 할 행동 기준이 되는 규범이고, 매너는 행동으로 표현하는 방식, 방법이다. 즉, 에티켓이 정해진 규범, 규칙이라면 그 에티켓을 행동으로 나타내는 것이 매너이다.

에티켓은 공공의 의미가 강하고, 매너는 개인적 · 개별적인 의미가 강하다. 에티켓은 사회적 약속이라고 할 수 있고, 매너는 개개인마다 가지고 있는 독특한 습관, 몸가짐이다. 그러므로 에티켓은 객관적, 매너는 주관적으로 볼 수 있다.

에티켓은 '지킨다, 안 지킨다'라고 표현하고, 매너는 '좋다, 나쁘다'로 표현한다.

에티켓을 지키는 것은 사회생활의 기본이므로 에티켓을 지키지 않았을 때는 개인의 이미지에 부정적인 영향을 미친다. 매너는 반드시 지켜야 하는 에티켓과는 다르게 상황별 제각기 다른 형태의 모습으로 행해진다. 반드시 좋은 매너를 보여야 하는 것은 아니지만, 좋은 매너를 보인다면 그 사람의 이미지에 매우 긍정적인 영향을 미칠 수 있다.

4 매너와 에티켓의 중요성

매너와 에티켓은 그 사람의 인격과 품격을 말해주고 사람을 평가하는 중요한 기준이 된다. 사회생활을 하면서 상대방에게 긍정적이고 호감 가는 이미지를 전달하기 위해 용모 복장, 표정, 자세와 목소리 등 외적인 부분을 상황에 적합하게 연출하려고 노력한다. 더불어 사용하는 언어와 몸짓 하나도 개인의 이미지를 결정하는 중요한 요소가 된다. 외적인 이미지메이킹뿐만 아니라 내적으로 상대를 존중하고 배려하는 마음을 기본으로 하는 행동이 올바르게 표출될 때 그 사람의 가치는 더욱 높게 평가된다.

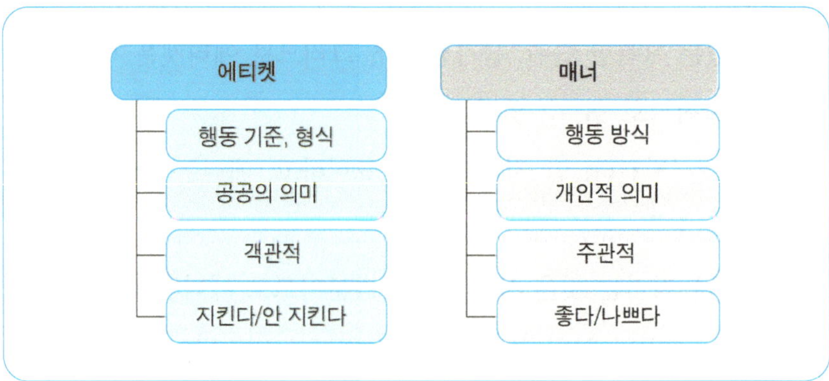

자신이 가지고 있는 지식의 수준이 아무리 높다고 하더라도 좋은 인간관계를 유지하고 발전시켜 나가기 위해서는 상대에게 호감을 주는 것이 시작이다. 가족 관계, 친구 관계, 직장 동료, 비즈니스 관계에서 신뢰감을 주고 인정받는 사람이 되는 데에는 매너와 에티켓이 중요한 경쟁력이 된다.

에티켓을 잘 지키지 않는 사람이 좋은 매너를 보여줄리는 만무하다. 에티켓과 매너의 중요성을 알고 자신의 긍정적인 이미지 연출과 좋은 인간관계 형성을 위해 에티켓을 지키고 좋은 매너를 발휘하기 위해 노력해야 한다.

에티켓과 매너는 시대의 변화에 따라서 변화한다. 예를 들어, 화장실 문은 열기 전에 반드시 노크를 해야 한다는 것이 에티켓이고, 노크를 부드럽게 하는가, 쾅쾅 소리가 나도록 하여 안에 있는 사람이 놀라게 하는가의 문제는 매너이다. 그러나 최근에는 화장실 문에 '사용중/비었음' 표시가 되어 있어 굳이 노크를 하지 않더라도 사람이 안에 있는지 여부를 확인할 수 있다. 사용중 표시가 있음에도 노크를 하는 것은 오히려 안에 있는 사람을 불안하게 하는 행동이므로 화장실 문을 노크하는 것은 에티켓과 매너에 어긋날 수 있는 것이다.

글로벌화, 세계화된 현대 사회는 다양한 문화권의 사람들이 함께 모여 비즈니스를 하기도 하고 친구가 되기도 한다. 상대의 문화가 나와 다를 수 있음을 알고, 상대의 문화를 존중하는 모습으로 에티켓을 지키고 그들의 방식에 적합한 매너를 보여주어야 한다.

5 네티켓(Netiquette)

네티켓(Netiquette)은 네트워크(network)와 에티켓(etiquette)의 합성어이다. 인터넷의 대중화로 네트워크 사용자들이 급증하였고 그 사용자들은 네트워크 상에서도 기본적인 예절을 지켜야 한다. 서로 모르는 사이이고 얼굴을 마주하지 않는 가상공간이지만 올바른 공동체 형성을 위해 다음 사항을 유념해야 한다.

- 실제 생활과 같은 기준으로 행동해야 한다.
- 상대의 시간을 존중해야 한다.
- 논쟁은 절제된 감정으로 행해야 한다.
- 다른 사람들의 사생활을 존중해야 한다.
- 다른 사람들의 실수를 용서하는 자세도 필요하다.
- 상대의 마음을 상하게 할 수 있는 개인적인 공격이나 악플은 자제한다.

6 탈것 이용 매너

1) 대중교통 이용 매너

사람들이 많이 이용하는 대중교통을 이용할 때는 서로서로 배려하는 행동을 보여야 모두 편안하게 사용할 수 있다. 버스나 전철을 이용할 때, 큰소리로 웃고 떠들거나 휴대전화 통화를 큰소리로 하는 경우는 매우 좋지 않다. 쏟아질 수 있는 음료수나 냄새가 나는 음식물을 가지고 타거나 먹는 것은 금물이다. 지정되어 있는 노약자석, 임신부석, 장애인석은 해당자에게 양보한다. 옆자리에 가방을 두거나 두 자리에 걸쳐서 앉는 것은 다른 사람들의 사용을 방해하므로 삼간다. 승하차시 출입구 주변은 비켜주는 것이 안전하다. 사람들이 먼저 내린 후 탑승하고 문이 닫히고 있을 때 무리해서 탑승하지 않는다. 비 오는 날의 경우 우산은 반드시 접어서 옆사람들에게 물방울이 묻지 않도록 하는 것이 맞다.

2) 자동차 이용 매너

자동차를 운전할 때는 교통법규를 지키고 양보 운전하는 것이 필요하다. 그리고 쓰레기나 담배 꽁초를 창 밖으로 버리는 행위는 금물이다.

자동차에 탑승할 때는 윗사람이 먼저 탑승하고 아랫사람은 윗사람의 탑승을 도와준 후 나중에 반대편 문으로 탑승한다. 내릴 때는 아랫사람이 먼저 내려서 윗사람의 하차를 도와준다.

자동차 탑승 시 상석을 확인해야 한다. 운전기사가 별도로 있을 경우에는 운전기사 대각선 뒷자리가 가장 상석이다. 그리고 옆자리가 그다음, 마지막은 운전석 옆자리이다. 네 명이 탑승할 때는 뒷좌석 가운데가 가장 불편한 자리이므로 말석으로 보면 된다. 운전을 일행 중 한 명이 할 때는 상석의 위치가 달라진다. 운전석 옆자리가 가장 상석이 되고, 운전석 대각선 뒷자리가 그다음이고, 그 옆자리 순이다.

주차를 할 때는 반드시 지정된 주차 구역을 이용해야 한다. 다른 차량이 지나가거나 주차할 것을 염두에 두고 주차선을 준수하여 주차한다. 장애인 주차 공간에는 자격이 되는 차량만 주차한다. 갑작스러운 상황을 대비해 연락처를 남겨둔다. 이중주차를 하는 경우는 기어를 중립에 두고 사이드브레이크를 풀어 놓는다. 탑승과 하차할 때 옆 차에 문이 부딪히지 않도록 주의한다. 만약 다른 차량에 흠집을 냈을 경우는 연락을 취하거나 연락처를 남긴다.

3) 엘리베이터 이용 매너

엘리베이터를 이용할 때는 아랫사람이 먼저 탑승하여 윗사람 또는 일행들이 탑승하는 동안 문이 닫히지 않도록 문 또는 버튼을 잡는다. 엘리베이터 안에도 상석이 존재하는데, 상석은 버튼의 대각선 안쪽이다. 그리고 가장 말석은 버튼 옆이다.

엘리베이터에서 내릴 때는 윗사람이 먼저 내릴 수 있도록 하고 일행들이 모두 내리는 동안 문이 닫히지 않도록 열림 버튼을 누른다.

4) 에스컬레이터 이용 매너

에스컬레이터 또는 계단을 이용할 때는 윗사람이 항상 위쪽에 있도록 한다. 올라가는 방향일 경우 윗사람이 먼저 탑승하도록 하고, 내려가는 방향의 경우 아랫사람이 먼저 탑승하여 아래에 위치하도록 한다. 계단을 이용할 때도 마찬가지이다. 그러나 예외적으로 윗사람이 여성이고 아랫사람이 남성인 경우는 여성을 배려하여 아래쪽에 위치할 수 있도록 하는 것이 매너이다.

7 조문 매너

돌아가신 분의 죽음을 슬퍼하며 애도를 표하고, 상주에게 위문하는 것을 문상(問喪)이라고 한다. 이때 사랑하는 사람을 잃은 가족들의 입장을 이해하고 예의를 지킨다.

부고 소식을 듣게 되면 가능한 빠른 시일 내에 조문한다. 조문 시에는 복장을 갖추어 입어야 하는데, 남성의 경우 검정색 정장이 가장 적당하지만, 준비가 안된 경우 감색이나 회색 양복도 무방하다. 셔츠는 흰색이나 단색이 좋고, 넥타이는 검정색이 적절하나 준비가 안된 경우 넥타이를 하지 않는 것도 괜찮다. 양말과 구두도 검정색이 적당하다.

여성의 경우, 검정색 정장을 입는 것이 적절하다. 검정색 구두에 검정색 스타킹이나 양말을 신고, 맨발은 금물이다. 핸드백도 검정색이 적당하며 액세서리는 가급적 하지 않는다. 메이크업도 색채 화장은 하지 않고 수수한 모습으로 조문하는 것이 좋다. 휴대전화는 진동모드로 하거나 전원을 꺼둔다.

1) 조문 순서

- 상주의 이름을 확인하여 해당 장례식장에 입장한다.

- 입장할 때 외투나 가방 등은 미리 벗어서 들고 있다가 입구 쪽이나 식장 밖에 보관한다.
- 조객록에 자신의 이름을 서명한다.
- 영정 앞으로 가서 예를 표한다. 이때 종교에 따라 다른 방식을 취하는데 경우에 따라 분향 또는 헌화를 하면 된다.
- 분향의 경우, 향을 1개 집어 올려 옆에 있는 촛불에 향을 갖다대어 불을 붙인다. 입으로 불을 끄면 안 되고 왼손으로 부채질하거나 향을 조심스럽게 흔들어서 불은 끈다. 그 후 향로에 꽂는다.
- 헌화를 하는 경우는 흰 국화를 한 송이 집어 가슴 앞쪽에 들고 영정 앞으로 가서 천천히 제단 위에 올려 놓는다.
- 절을 두 번 반 올리거나, 묵념을 하며 고인의 명복을 빈다.
- 상주와 맞절을 하고 간단한 위로의 말을 전한다.
- 문상이 끝나면 뒤로 두 걸음 정도 물러나와 몸을 돌려 식장을 나온다.
- 부의금을 전달한다.
- 조문 후 음식이 마련된 곳으로 이동한다.

2) 조문 시 유의사항

- 조문 시 상주와 악수하지 않는다.
- 휴대전화는 진동, 무음 상태로 하거나 전원을 끈다.
- 상가에서 큰소리로 떠들거나 웃지 않는다.
- 유족의 슬픈 마음을 고려해 말을 많이 시키지 않는다.
- 본인과 종교의 차이로 상례 절차가 달라도 예를 존중하고 따른다.
- 조의금은 상주에게 직접 건네지 않는다.

- 조의금 봉투는 장례식장에 비치되어 있는 것이 있지만 미리 준비하는 것이 더욱 좋다.
- 봉투에는 부의(賻儀), 근조(謹弔), 추모(追慕), 추도(追悼), 애도(哀悼), 위령(慰靈) 등으로 쓴다.

이 미 지 트 레 이 닝

CHAPTER

10

공공 매너

이 미 지 트 레 이 닝

CHAPTER 10

공공 매너

1 기내 매너

여행이나 출장 등의 이유로 항공기를 이용하는 경우가 과거에 비해 매우 증가하였다. 항공기 내에서는 많은 수의 사람들이 제한된 공간에서 함께 이동해야 하기에 상호 간에 에티켓을 지키고 좋은 매너를 보여주지 않으면 기내에서의 시간은 괴로워진다. 즐거운 항공 여행이 되기 위해서 개개인의 노력이 필요하다.

1) 기내 반입 금지 물품

기내에 반입이 허용된 물품과 금지된 물품이 있다. 물품 종류와 허용 기준을 알고 기내에 탑승하도록 한다.

- 기내 반입 물품 허용 기준
  - 액체가 담긴 100ml 이하의 용기가 1L 이하의 투명 비닐 지퍼백에 담기고 입구를 닫아 밀봉된 경우 기내 반입이 가능하다.
  - 면세점 구입 물품 중 '액체물 면세품 전용봉투'에 넣어져 밀봉된 상태는 용량에 관계없이 기내 반입이 허용된다.
- 기내 반입 금지 물품
  - 액체류, 겔류 물품(단, 국제선에 한해 개별 용기당 100ml 이하이며 1L 비닐 지퍼백에 넣은 경우는 반입 가능)
  - 창 · 도검류
  - 전자충격기, 총기류
  - 공구류(망치, 렌치 등)
  - 리튬이온배터리
  - 인화성 물질 등

2) 비행 중 매너

- 정해진 좌석에 착석하고 임의로 좌석을 변경하지 않는다.
- 규격이 큰 수하물은 기내에 반입하지 말고 위탁수하물로 처리한다.
- 승무원의 도움이 필요할 때는 큰 소리로 부르지 말고, 좌석에 있는 호출 버튼을 누른다.
- 좌석벨트 상시 착용을 준수한다.

- 좌석 등받이를 뒤로 눕힐 때는 뒷사람의 상황을 살펴본 뒤 적절한 각도로 눕힌다. 너무 많이 눕혀서 뒷사람이 불쾌함을 느끼지 않도록 한다.
- 이착륙 시에나 식사 시간에는 등받이를 세운다.
- 맨발인 상태로 앉아있거나 기내를 돌아다니는 것은 금물이다. 발이 부어 힘들다면 기내용 슬리퍼를 준비하여 신는다.
- 앞좌석 팔걸이에 발을 올려놓지 않는다.
- 승무원이 기내에서 음료 및 식사 서비스를 하고 있는 경우에는 서비스 진행에 방해가 되므로 이동하지 않는다.
- 다른 사람들에게 방해가 될 정도로 시끄럽게 떠들거나 모여있지 않는다.
- 기내 화장실은 깨끗이 사용한다. 손을 씻은 후 핸드타올로 손을 닦고 사용한 핸드타올로 세면대의 물기를 닦아준다.
- 기내 비치품(담요, 헤드폰, 잡지, 화장품 등)은 가져가지 않는다.
- 기내에서는 금연한다.
- 알코올 음료는 조금만 먹는다. 지상에 비해서 더욱 빨리 취한다.
- 안전하고 편안한 항공 여행을 위해 승무원의 지시에 잘 따른다.
- 통제가 안되는 자신의 아이를 방치하면 안되고 주의를 준다.
- 다른 사람의 좌석 머리 부분이나 팔걸이를 함부로 붙잡지 않는다.

2 호텔 매너

여행이나 출장을 가면 호텔을 이용하게 된다. 호텔을 이용할 때는 예약 후 사용해야 하고 항공편을 이용하여 목적지에 도착하는 경우에는 항공편명도 알려준다. 호텔은 각국의 많은 사람들이 머무는 공간이므로 상호 간의 예의를 지켜야 한다.

1) 체크인과 체크아웃(Check-in / Check-out)

호텔에 도착하면 프런트 데스크에서 체크인을 한다. 일반적으로 체크인은 오후 2시경 이후에 가능하다. 예약을 한 경우 이름을 말하고 여권을 보여준다. 숙박카드를 작성한다. 숙박카드 작성 완료 후 객실을 배정받고 룸 키를 받는다.

호텔 사용을 마치면 모든 짐을 가지고 나와 프런트 데스크에서 체크아웃을 한다. 객실 키를 반납하고 사용한 내역에 대해 지불한다. 체크아웃은 낮 12시 전후에 이루어진다. 체크아웃 시간을 넘기면 추가 요금을 지불해야 한다.

체크인을 마치면 벨맨(Bell Man)이 짐을 해당 객실까지 옮겨 준다. 거절하게 되면 이들의 역할을 무시하는 행동일 수 있으니 감사하다는 말과 함께 팁을 지불한다.

2) 객실 사용 매너

- 객실 열쇠(Room Key)

객실 열쇠는 문을 열고 들어가서 문 옆의 벽면에 열쇠를 꽂아두는 곳에 두어야 객실 내의 전원이 들어온다.

- 객실(Room) 베드 구성

- 싱글 베드룸 : 1인용 싱글 침대가 1개 있고 1인이 사용하는 룸
- 더블 베드룸 : 2인용 침대가 1개 있고 2인이 사용하는 룸
- 트윈 베드룸 : 1인용 또는 2인용 침대가 2개 있는 룸
- 스위트 룸 : 일반 객실보다 크고 침실, 응접실 등이 구분되어 있고, 특실이므로 그 규모에 따라 고가의 가격임

- 귀중품 보관함(Safety Box)

객실 옷장 안에 비치되어 있는 경우가 많다. 개인 금고를 의미하며 외출 시 귀중품을 보관할 수 있다. 사용 시 비밀번호를 새로 지정할 수 있다. 무료로 사용할 수 있는 경우가 대부분이다. 단, 체크아웃 시에는 안에 있는 물건을 다 빼고 정리하는 것을 잊으면 안 된다.

- 침대(Bed)

침대 시트는 대부분의 호텔에서 흰색으로 사용한다. 시트가 너무 더러워지면 세탁이 어려워지고 세탁비용을 부담해야 하는 경우가 발생하므로 침대 위에서 음식을 먹는 등의 행동은 삼간다.

▪ 욕실

욕실에는 다양한 크기의 수건이 준비되어 있다. 가장 큰 수건은 목욕용 수건이고, 일반 크기는 얼굴용, 손수건 크기의 수건은 핸드타올로 손을 닦고 선반과 세면대 등의 물기를 닦는 용도로 사용한다. 또한 욕조에 걸쳐져 있거나 샤워부스 근처에 있는 수건은 발매트이다. 샤워 후 발이 닿는 바닥에 깔아 두면 된다.
욕조가 있는 경우 욕조 안에 고무매트가 있다. 미끄러움을 방지하기 위한 것이므로 본인의 안전을 위해 욕조 바닥에 깔아 둔다. 욕조에 있는 샤워 커튼은 샤워 시 반드시 사용해야 한다. 주의할 점은 커튼 아래 끝부분이 욕조 안쪽으로 들어오게끔 해야 한다는 것이다. 커튼이 욕조 밖으로 되어 있으면 물이 모두 욕조 밖으로 떨어져 욕실에 물이 넘칠 수 있다. 서양식 호텔의 경우 욕실 바닥에 물이 빠지는 배수구가 없는 경우가 많으므로 이 점을 주의해야 한다.

▪ 미니바(Mini Bar)

냉장고 안과 주변에 음료와 주류, 안주류가 비치되어 있다. 이 물품들은 유료이며 계산서가 미니바 옆에 있으니 확인할 수 있다. 사용한 물품의 수량을 직접 계산서에 체크하고 체크아웃 시 보여주고 비용을 지불한다.

▪ 증정품(Complimentary)

객실 내에 생수가 있는 경우 Complimentary라고 적혀 있는 경우는 무료이나, 표식이 안되어 있거나 가격표가 있는 경우는 유료이므로 확인하고 마신다. 그 외에 물을 끓일 수 있는 핫컵과 커피와 차가 준비되어 있는 경우는 대부분 무료로 제공된다. 또한 책상에 문구류가 있어서 편지 봉투, 편지지, 엽서, 볼펜 등이 있고 무료로 사용 가능하다. 욕실 내에 샴푸, 로션 등이 무상 제공되는 경우가 많이 있다.

- 세탁 서비스(Laundry Service)

옷장 안에 있는 비닐주머니에 세탁물을 넣은 후 의뢰서에 내용을 기입하고 전화를 하면 직접 가지러 온다. 세탁이 다 된 경우 다시 가져다주고 유료로 사용이 가능하다.

- Do not disturb / Make up room

객실 청소 등으로 방해받고 싶지 않을 때 'Do not disturb'라고 적힌 종이 tag을 방문 밖 문고리에 걸어두거나, 전자식의 경우 'Do not disturb' 버튼을 누르면 된다. 외출 시 객실의 청소를 원한다면 'Make up room, Please' 종이 tag을 방문 밖 문고리에 걸어두거나 해당 전자식 버튼을 누르면 된다.

3) 객실 부대 시설 사용

- 컨시어지(Concierge)

호텔 현관 가까운 곳에 위치하는 경우가 많으며, 호텔 내에서의 안내인 역할을 한다. 현지 관련된 정보를 얻을 수도 있고, 주변 지도를 받을 수 있으며, 다양한 문의를 할 수 있고 도움을 받을 수 있다.

- 비즈니스센터(Business Center)

  컴퓨터 사용, 복사, 팩스 등의 사무업무를 볼 수 있는 장소이다. 유료 사용인 경우가 많다.

- 레스토랑(Restaurant)

  호텔 내 다양한 레스토랑이 있다. 객실 요금에 포함된 조식 뷔페를 이용할 수 있다. 그 이외 식사 비용은 체크아웃 시에 한번에 결제를 할 수도 있다.

- 와이파이(WIFI) 서비스

  호텔 내에서 사용 가능한 와이파이 서비스가 있다. 무료인 경우와 유료인 경우가 있으니 확인하고 사용해야 하고 비밀번호를 별도로 운영하고 있다.

4) 호텔 이용 매너

세계 각국의 다양한 많은 사람들이 이용하는 곳이라는 것을 유념해야 한다. 객실 밖으로 나올 때 잠옷 차림이나 객실용 슬리퍼를 신고 다니지 않도록 한다. 레스토랑을 이용할 때는 차림을 단정히 한다. 객실 내에서, 복도에서, 로비에서 시끄럽게 떠들어서 다른 객실에 피해를 주면 안 된다. 객실 내에서는 음식을 조리하는 행위는 금물이다.

3 관람 매너

다양한 장소에서 공연, 스포츠, 작품 등을 관람하는 것은 지친 현대인들에게 즐거움을 주는 여가생활이다. 다른 사람들에게 불쾌함을 주지 않고 서로 즐거운 시간을 보낼 수 있으려면 장소와 상황에 따른 에티켓과 센스 있는 매너로 성숙된 관람 매너와 공연 문화를 보여주도록 한다.

1) 공연장

공연장을 방문할 때는 복장 관리가 필요하다. 영화를 상영하는 극장을 방문할 때는 편안한 옷차림도 무방하다. 그러나 뮤지컬, 연극 공연의 경우는 비즈니스 캐주얼 정도의 복장은 갖추는 것이 좋다. 클래식 음악회, 오페라, 발레 등의 전통 클래식 공연 관람의 경우 정장을 입는다.

어떤 공연장에서도 모자를 쓰는 것은 뒷사람의 관람을 방해하는 것이므로 공연장 입장 후에는 착용을 안하는 것이 좋다.

사람들이 직접 공연하는 오페라, 음악회, 뮤지컬, 연극 등은 시간 여유를 가지고 공연 시작 20~30분 전에는 도착해야 한다. 공연이 시작한 이후에는 입장이 제한될 수 있으므로 막간(쉬는 시간)을 이용하여 공연장에 들어간다.

공연 시작 전에는 팸플릿이나 프로그램북을 살펴보며 작품의 정보를 알아두면 공연감상에 도움이 된다.

공연장에서는 지정된 좌석에 착석해야 하며, 휴대전화 사용은 금하고 무음으로 해두거나 전원을 꺼둔다. 공연 중 일행과 대화를 나누는 것은 삼가는 것이 좋다. 사전에 협의되지 않은 촬영이나 녹음은 유의해야 한다. 또한 영화를 제외한 공연에서는 공연 중 음식물 섭취는 디너쇼와 같은 특별한 상황을 제외하고는 곤란하다.

공연 시작 전, 중 또는 공연 후 박수로써 청중들이 공연자들에게 환호를 보낼 수 있다. 음악회와 같은 경우는 지휘자와 연주자가 입장할 때, 지휘자가 지휘봉을 완전히 내리고 뒤돌아 인사를 할 때, 연주자가 일어나서 인사를 할 때 큰 박수로 호응을 해준다. 음악 연주가 아직 다 끝나지 않았을 때 박수를 치는 것은 연주자에 대한 결례가 되며, 음악이 끝난 후 정적의 순간까지 작품의 한 순간으로 감상해야 한다.

오페라 공연 중 가수의 아리아, 발레 무용수의 고난도 무용을 할 때 중간 박수를 치는 것은 괜찮다. 공연 마지막에 커튼콜을 하는 경우는 힘찬 박수로 호응해 주는 것이 좋다.

2) 전시장, 박물관

전시장에서 전시되어 있는 작품들을 감상할 수 있다. 작품 보호를 위해 감상은 눈으로만 해야 한다. 손을 대거나 너무 가까이 가는 것은 좋지 않다. 휴대전화는 진동모드로 해두거나 전원을 끄고, 다른 사람에게 방해가 되지 않도록 조용히 감상한다. 작품에 대해 함부로 비평하지 않고 도슨트(작품 해설가)가 있을 경우에는 설명을 들으며 감상할 수 있고 작품을 이해하는 데 도움이 된다. 사진 촬영이 안 되는 전시장에서는 절대 촬영하지 않는다. 여러 개의 전시관이 있고, 관람객이 많은 경우 진행 방향을 알려주는 화살표를 따라 이동한다.

3) 스포츠 관람

스포츠를 관람할 때는 사전에 경기의 규칙과 특징을 알고 가는 것이 좋다. 자신이 좋아하는 팀을 응원하는 것은 좋지만 상대팀에게 야유를 보내는 것은 좋지 않다. 경기 내용이 마음에 안든다고 물건을 경기장 안으로 던지는 행동은 삼간다. 주류는 허용된 곳을 제외한 곳에서는 삼간다.

골프 경기장에서는 관람객을 갤러리라고 부르는데, 갤러리로 참여할 때 구두, 슬리퍼는 삼가고, 관람 선을 침범하지 않는다. 휴대전화 벨소리, 카메라 촬영하는 소리 등은 선수들의 경기에 방해를 주기 때문에 주의한다. 선수의 스윙이 끝나고 공이 떨어진 곳을 확인한 후 '나이스 샷', '굿 샷'을 외치며 응원할 수 있다.

테니스의 경우 시합 중 소리를 내서 선수를 방해해서는 안 된다. 시합 중 공이 움직일 때 관중은 절대 움직일 수 없으며, 엔드 체인지 시점에 신속히 이동해야 한다.

피겨스케이팅은 선수들이 집중할 수 있도록 관중이 침묵을 지켜야 한다. 휴대전화는 무음이나 전원을 꺼두어야 한다. 선수가 고난도의 기술을 성공했을 때 가벼운 박수로 응원을 보낸다. 그리고 경기 중에 관중은 움직일 수 없고 선수의 연기가 끝난 후 움직여야 한다. 선수가 경기를 마친 후 관중에게 인사할 때 박수와 환호를 하면 된다. 꽃을 던질 때는 반드시 비닐 포장을 해서 이물질이 얼음판에 떨어져 선수들이 다치지 않도록 해야 한다.

CHAPTER

11

테이블 매너

이 미 지 트 레 이 닝

CHAPTER 11

테이블 매너

식사 예절은 동서양을 막론하고 중요하다. 사회생활을 하다 보면 직장 상사는 물론 동료들과 식사할 기회가 많고 비즈니스 관련된 모임에서 식사를 해야 하는 경우도 많다. 다른 국가 · 문화권 관계자와의 식사를 해야 하는 경우, 식사와 회의를 겸하거나, 식사가 업무로 연결이 되기도 하고, 식사 예절은 그 사람의 교양 정도를 파악할 수 있기 때문에 신경을 써야 한다. 우리나라의 식문화 예절을 포함하여 다른 문화권의 식사 문화와 예절을 알고 좋은 이미지를 전달하는 것은 업무적 성과로 이어질 수 있다.

서구 사회의 식사는 문화와 사교의 형태로 정착되어 있고 글로벌 시대에서 서양식 테이블 매너는 비즈니스에서 중요한 부분이다. 그러나 우리 식문화와 상당히 다르기 때문에 실수를 하는 경우가 많다. 서양식 테이블 매너를 습득하여 세련된 테이블 매너를 갖추어야 한다.

1 예약

식사를 위한 레스토랑을 사전에 예약을 해둔다. 비즈니스 모임, 사교 모임 등 다양한 형태의 모임을 위한 레스토랑은 모임의 목적, 인원 수 등을 고려하여 예약을 한다. 시간적 여유를 가지고 예약을 해야 하며, 레스토랑의 위생 상태, 주차시설 여부, 참여 인원 수용 가능 규모, 메뉴, 친절도 등을 파악하여야 한다. 만약 모임 날짜가 변경되거나 취소되었다면 식당에 반드시 연락을 취하여 예약 변경 또는 취소를 해야 한다. 예약을 하고 해당일에 나타나지 않는 No-show는 없도록 한다.

2 테이블 착석

테이블과 주먹 2개 정도 간격을 두고 의자 깊숙이 앉는다. 등은 등받이에 기대지 않고 반듯하게 앉고, 무릎을 과하게 벌리거나 다리를 꼬거나, 앞으로 뻗어서 맞은편 상대에게 불편을 끼치지 않도록 한다. 가방이 있다면 가방은 등 뒤, 발 옆의 바닥, 옆 빈자리, 가방 의자에 놓고 테이블 위에는 올리지 않는다.

좌석을 정할 때 상석을 구별하여 앉도록 한다. 입구 쪽에서 멀고 벽을 등진 자리, 경치가 보이는 자리가 상석이 될 수 있다.

3 메뉴

서양식은 코스에 따라 유형을 달리하는데, 풀코스 세트메뉴인 정식요리(Table d'hote), 일품요리(A la carte), 특별요리(Special menu)로 구분할 수 있다.

정식요리는 정해진 코스에 따라 음식이 차례대로 제공된다. 일품요리는 여러 코스 중 자신이 원하는 요리만 주문하는 것을 말한다. 행사나 계절에 따라 레스토랑에서 특별히 운영하는 요리를 특별요리라고 한다.

메뉴를 주문할 때는 동행한 사람들의 선호도에 따라 선택하면 되고, 메뉴가 읽기 어렵고 모르는 내용이라면 직원에게 문의하여 주문하면 된다. 음식과 함께 와인을 주문할 수도 있다. 음식과 어울리는 와인을 고르기 어렵다면 소믈리에나 직원에게 안내를 받는다.

4 서양 정식 코스

서양식에서 테이블 세팅은 중요하다. 정식 코스의 경우 테이블에 많은 수의 포크와 나이프가 놓이게 되는데 코스 순서대로 가장 바깥의 포크와 나이프를 사용하면 된다. 글래스는 오른쪽 상단에 위치하는데 물잔 이외에 제공되는 와인 글래스가 놓여지고 샴페인이 제공되면 샴페인용 글래스가 준비된다. 혼동하지 말아야 할 사항은 왼쪽 접시의 빵이 나의 것이고 오른쪽에 있는 물잔이 나의 것이라는 것이다. 여러 사람이 함께 모여 식사를 할 경우 빵이나 물을 바꾸어 먹는 실수를 할 수 있으니 주의한다. '좌빵우물'이라는 말도 있다.

중앙에 위치한 접시 위치에 요리가 준비되며, 그 위에 있는 냅킨은 식사 전 펼쳐 사용하면 된다. 왼쪽에 있는 접시는 빵 전용 접시이며 버터 나이프가 함께 제공된다. 디저트용 포크, 스푼은 위치접시 위쪽에 놓여지고 크기도 작아서 구별이 쉽다.

서양식 정식코스 순서는 그림과 같이 '전채요리(Appetizer, Hors D'oeuvre) → 수프(Soup) → 빵과 버터 → 생선요리 → 셔벗(Sherbet) → 주요리(Main Dish, Entrée) → 샐러드(Salsd) → 치즈(Cheese) → 디저트(Dessert) → 커피, 차(Hot Beverage)'이다. 최근에는 생선요리, 셔벗, 치즈 등을 생략하여 코스를 단순화시켜서 즐기기도 한다.

• 서양식 Full Course Menu 순서

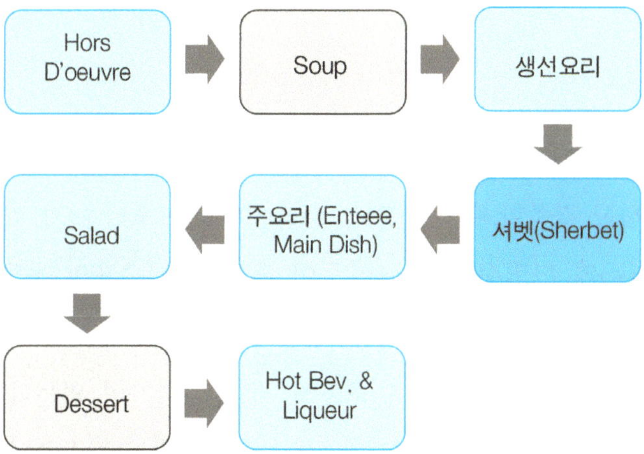

5 정식코스별 메뉴

1) 전채요리(Appetizer, Hors D'oeuvre)

전채요리는 영어로 '애피타이저(Appetizer)', 프랑스어로 '오르되브

르(Hors D'oeuvre)'이다. 전채요리는 식욕을 촉진시키는 역할을 한다. 약간 짜거나 신 맛이 있고, 배를 채우기 위함이 아니므로 양은 매우 작고 한입에 먹을 수 있도록 나온다. 고급 재료가 사용되는 경우가 많고, 가장 대표적인 전채요리는 캐비아(Caviar, 철갑상어알), 프아그라(Fois gras, 거위간), 생굴(Fresh oyster), 카나페(Canape), 훈제연어(Smoked salmon), 새우칵테일(Shrimp cocktail) 등이 있다. 이 중에서 세계 3대 진미라고 불리는 캐비아(Caviar, 철갑상어알), 프아그라(Fois gras, 거위간), 트뤼플(Truffle, 송로버섯)이 재료로 사용된다.

2) 수프(Soup)

수프는 입안을 촉촉하고 부드럽게 해주는 음식이다. 수프는 농도가 매우 진하고 걸쭉한 수프인 Thick soup, Portage(포타주)가 있고, 야채수프(Puree)와 크림수프(Cream) 등이 해당된다. 수프의 농도가 맑은 것으로는 Clear soup, Consomme(콩소메)가 있다. 수프를 먹을 때는 뜨거운지 확인하고 스푼으로 조용히 저어 식혀가며 먹는다. 소리를 내지 않도록 하고 다 먹은 후에는 스푼 손잡이를 오른쪽으로 하여 그릇 안에 스푼을 두면 된다.

3) 빵(Bread)

빵은 디저트 이전 코스까지 계속 제공된다. 빵은 배를 불리기 위한 것이 아니라 매 코스별 새로운 음식의 맛을 제대로 즐기기 위해 코스 중간에 입을 씻어 주는 역할을 한다.

빵은 테이블 왼쪽 접시에 있는 것이 나의 것이므로 혼동하지 말아야 한다. 빵을 먹을 때는 포크나 나이프를 사용하지 않는다. 손으로 한 입 크기로 뜯어서 버터를 발라서 먹는다. 버터는 버터나이프를 이용해 빵에 바른다. 빵을 손에 들고 입으로 베어 물어 먹는 것은 예절에 어긋난다.

4) 생선요리(Fish)

생선은 생략되거나 육류 대신 주요리로 먹기도 한다. 서양식에서 생선은 주로 흰살 생선을 재료로 사용하고 그 외 연어가 사용되기도 한다. 생선요리는 먹을 때 생선을 뒤집지 않고 나이프와 포크를 이용해 살과 뼈를 분리해 먹는다. 레몬 슬라이스가 함께 나오면 생선 위에 올리고 포크로 짓이겨 즙을 낸다. 레몬이 웨지 형태로 나오면 한 손으로 레몬을 잡고 즙을 내고 다른 손으로 손 주변을 감싸서 즙이 다른 곳으로 튀지 않도록 한다.

달팽이 요리(Escargot)는 전용 도구인 스네일 텅(Snail tong)으로 껍데기를 잡은 후 스네일 포크(Snail fork)를 사용하여 꽂아서 먹는다.

바닷가재인 경우 집게 발을 손으로 잡고 바닷가재 전용 가위로 가볍게 자른 후 전용포크로 상을 꺼내어 나이프와 포크로 잘라 먹는다. 껍질이 제거되고 먹기 좋게 나오는 경우도 많다.

5) 셔벗(Sherbet, Sorbet)

생선요리와 육류요리 사이에 제공되어 입맛을 개운하게 만들어 주는 역할을 한다. 단맛이 적고 알코올 성분이 있으며 아이스크림과 소르베의 중간 형태인데, 최근에는 생략하는 경우가 많이 있다.

6) 주요리(Main dish, Entrée)

메인요리에는 주로 육류요리 즉, 소고기, 돼지고기, 양고기, 닭고기, 칠면조 등이 주로 사용되며 그 중 소고기가 가장 선호되는 주재료이다.

소고기 스테이크를 주문할 때는 선호하는 익힘 정도를 알려주고 요청해야 한다. 대부분 미디엄(Medium) 상태가 연하고 맛이 있으므로 선호하는 경우가 많다.

레어(Rare)는 겉표면만 살짝 익힌 상태로 속은 거의 익지 않은 정도이다. 미디엄 레어(Medium rare)는 레어(Rare)와 미디엄(Medium) 중간 정도로 익힌 것으로 고기의 속 가운데가 핑크색과 붉은 부분이 섞인 상태이다. 미디엄(Medium)은 중간 정도로 익힌 것으로 중심부 전체가 핑크색이며 고기를 썰면 육즙이 새어나오는 정도이다. 미디엄 웰던(Medium welldone)은 미디엄과 웰던의 중간 정도이다. 웰던(Welldone)은 고기 속까지 완전히 잘 익은 상태이다.

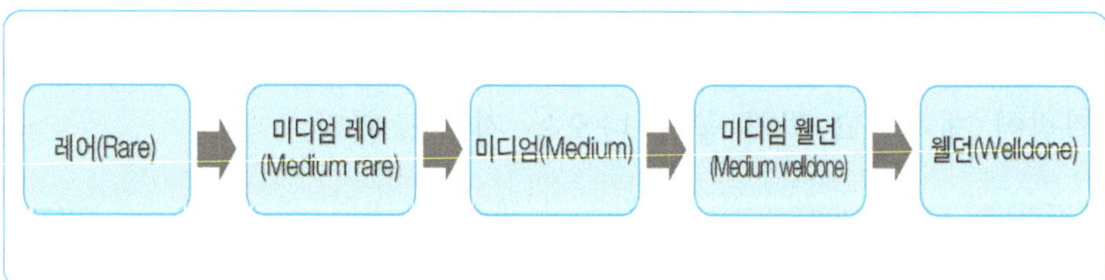

오른손에 나이프, 왼손에 포크를 들고 사용해야 하며 고기의 왼쪽 부분을 포크로 누르고 나이프로 한입 크기로 썰어서 먹는다. 한번에 잘라놓고 먹는 것보다 먹을 때마다 잘라서 먹는 것이 고기가 빨리 식지 않고 익힘 정도를 유지할 수 있으므로 더욱 맛있게 즐길 수 있다.

스테이크는 함께 나온 소스와 함께 먹고 소금, 후추, 그 외 인스턴트 소스를 처음부터 함께 먹는 것은 요리사를 무시하는 행동이므로 좋지 않다.

7) 샐러드(Salad)

샐러드는 주요리 후에 먹기도 하고 주요리 전에 먹기도 한다. 또는 주요리와 함께 먹기도 한다. 샐러드에는 드레싱을 곁들여 먹을 때는 개인의 취향대로 선택할 수 있다.

- 사우전드 아일랜드(Thousand Island) : 마요네즈에 토마토, 피클, 향신료 등을 잘게 썰어 넣고 우스타 소스와 머스타드를 섞어 만든 것이다.
- 오일 앤 비니거(Oil & Vinegar) : 올리브유에 식초와 후추를 섞은 것이다.
- 프렌치(French) : 올리브유, 레몬즙, 양파를 혼합한 것으로 오렌지색이 나며 신맛이 난다.
- 이탈리안(Italian) : 올리브유, 식초, 후추, 마늘을 혼합한 것으로 황갈색이며 약간 매운맛이 난다.

8) 치즈(Cheese)

프랑스에서는 저녁 만찬에서 치즈를 즐기는데 일반적으로 생략되기도 한다. 대표적인 것으로 까망베르, 브리, 에망딸, 체다, 구다, 블루치즈 등이 있다. 빵이나 크래커와 함께 즐긴다.

9) 디저트(Dessert)

식사를 마무리하는 단계로 과자, 케이크, 과일, 아이스크림 등 다양하며, 단맛이 나고 소화를 돕는 역할을 한다. 과자는 부드러운 것, 과일은 수분 함량이 높은 것이 적당하다.

10) 커피와 차(Hot Beverage)

코스의 마지막을 장식하며 커피 또는 홍차를 마시며 담소를 나눈다. 또는 식후주(Liqueur)를 마시기도 한다.

6 테이블 매너

1) 냅킨

- 테이블 위에 준비된 천으로 된 냅킨은 참석자 중 가장 연장자, 상위직급자 또는 호스트가 집어 들면 이후 다른 사람들도 사용하면 된다.

- 사용할 때는 반으로 접어 다리 위에 올려놓고 음식물이 옷에 묻는 것을 방지한다.
- 냅킨을 성인이 목에 두르거나 바지 허리춤에 끼우는 것은 보기 좋지 않다.
- 여성의 경우 입을 닦을 때 립스틱이 묻을 수 있으므로 입 주변을 닦을 때는 종이 냅킨을 사용한다.
- 냅킨에 코를 풀지 않는다.
- 식사 중 잠시 자리를 비울 때는 냅킨을 의자 위에 자연스럽게 올려두면 된다.

- 식사를 마치고 자리를 뜨는 경우는 테이블 위에 올려둔다.
- 처음 상태처럼 잘 접어서 두는 것은 적절하지 않다.

2) 식사 도구

- 접시를 중심으로 오른쪽에 나이프, 왼쪽에 포크가 놓이고, 놓인 그대로 오른손으로 나이프를, 왼손으로 포크를 사용한다. 손을 바꾸지 않는다.
- 포크, 나이프는 가장 바깥에 있는 것부터 사용한다.
- 대화할 때 포크, 나이프를 들고 휘젓지 않는다.
- 나이프로 음식을 찍어 직접 입에 넣는 것은 금한다.
- 식사 도중 포크, 나이프가 바닥에 떨어지면 줍지 말고 직원에게 새것을 요청한다.
- 식사 도중 음식물을 씹거나 대화가 이어질 때는 포크와 나이프를 접시 위에 '8시 20분' 모양으로 올려놓는다.
- 코스별 요리를 다 먹고 다음 코스를 기다릴 때는 포크와 나이프를 '11'자로 하여 접시 오른쪽에 놓는다.
- 소금, 후추가 멀리 있는 경우, 가까운 사람에게 부탁하여 건네받는다.
- 핑거볼을 사용할 때는 양손을 한꺼번에 넣지 말고 한 손씩 번갈아가며 손가락 끝만 살짝 씻어준 후 냅킨으로 물기를 닦는다.

3) 식사 시 매너

- 식사 중 휴대폰 사용은 자제한다. 급한 용건이 있을 경우 일행에게 양해를 구하고 신속하게 용건을 마무리한다.
- 테이블 위에 팔꿈치를 올려놓지 않는다.
- 등받이에 등을 심하게 기대지 않는다.
- 음식물 씹는 소리를 내지 않는다.
- 음식물을 입에 넣은 상태로 말하지 않는다.
- 식사 중 트림을 하지 않는다.
- 식사 중 재채기는 음식물에 침이 튀지 않도록 주의한다.
- 식사 중 코를 푸는 것은 가급적 화장실을 이용한다.
- 먼저 식사가 끝나도 자리를 뜨지 않는다.
- 테이블 아래 물건이 떨어졌을 때는 줍지 말고 직원에게 새것을 요청한다.
- 계산은 직원에게 계산서를 요청하여 테이블에서 한다.

이 미 지 트 레 이 닝

CHAPTER

12

비즈니스 매너

이 미 지 트 레 이 닝

CHAPTER 12

비즈니스 매너

사회생활을 하면서 좋은 인간관계를 형성하고 자신이 속한 분야에서 성공을 하기 위해서는 긍정적이고 호감을 주는 이미지를 전달하는 것이 시작이다. 밝고 긍정적인 표정과 말투, 친절한 태도, 바른 자세, 상대를 배려하는 마음에서 나오는 매너는 비즈니스에서 필수적이다.

1 소개 매너

사회생활을 하다 보면 사람을 만나는 일이 많다. 아는 사람들을 만나는 경우도 있지만 새로운 사람을 만나거나, 아는 사람에게 새로운 사람을 소개해 주는 경우, 자신이 소개받는 경우, 사람들에게 직접 자신을 소개하는 경우 등 다양한 상황이 생긴다. 사람을 처음 만나면 첫인상은 오래 기억에 남기 때문에 예의 바르고 세련된 소개 매너를 알아야 한다.

1) 소개 순서

- 지위가 낮은 사람을 지위가 높은 사람에게 소개한다.
- 아랫사람을 윗사람에게 소개한다.
- 후배를 선배에게 소개한다.
- 남성을 여성에게 소개한다.
- 지위나 연령이 비슷한 경우는 친한 사람을 먼저 소개한다.
- 직원을 고객에게 소개한다.
- 가족을 다른 사람에게 먼저 소개한다.
- 모임에 처음 참석한 사람의 경우 한 사람을 여러 사람에게 먼저 소개한다.

2) 소개 방법

- 자신을 소개할 때 상대의 눈을 바라보며 '인사말 + 소속 + 이름'을 밝힌다.
- 자신의 이름을 기억하기 쉽도록 특징을 말하는 것도 좋은 방법이다.
- 소개를 받고 인사를 나누게 되면 상대 이름과 소속을 반복하여 인사말에 덧붙이면 좋다.

3) 소개 매너

- 소개 시에는 소개받는 사람과 소개하는 사람 모두 일어선다.
- 환자나 노령일 경우 그대로 앉아 있어도 된다.
- 소개를 받으면 상대의 이름을 잘 듣고 기억해 둔다.
- 모임에 참석했을 때 모르는 사람들을 만나게 되면 소개를 통해 대화를 부드럽고 자연스럽게 시작할 수 있다.

2 악수 매너

악수는 중세 시대 기사들이 적을 만났을 때는 오른손으로 칼을 빼서 적의를 표현했고 상대와 싸울 의사가 없을 때는 무기가 없음을 보여주기 위해 오른손을 내밀었던 것에서 유래가 되었다. 팔을 맞잡고 흔드는 것은 소매 부분에 무기를 숨기지 않았음을 의미한다. 서구 사회의 오래된 관습으로 악수는 현재 상대방에 대한 호의, 신뢰 등을 표현하는 인사가 되었다.

비즈니스 사회에서 악수는 보편적인 인사이며 매우 중요한 행위이다. 악수는 우정과 신뢰의 상징이며 자신감과 확신을 느끼게 해준다. 또한 상대방에 대한 관심과 존경의 의미를 전달할 수 있다. 악수를 청했을 때 악수를 거절하는 것은 결례가 되므로 악수 매너를 습득하여 예의 바르고 세련된 악수를 할 수 있도록 한다.

1) 악수 순서

- 윗사람이 아랫사람에게 먼저 손을 내민다.
- 상사가 부하직원에게 먼저 손을 내민다.
- 선배가 후배에게 먼저 손을 내민다.
- 여성이 남성에게 먼저 손을 내민다.
- 고객이 직원에게 먼저 손을 내민다.

2) 악수 방법

- 반가운 마음으로 미소를 띠고 상대의 이름을 불러주며 시선을 맞춘다.
- 오른손으로 악수한다.
- 적당한 힘으로 손을 마주 잡는다.
- 상대의 얼굴을 보면서 자연스럽게 3~4회 손을 흔든다.

- 지위가 높은 사람과 악수할 경우 목례를 한 후 다가가 악수한다. 왼손은 허리 앞쪽에 대서 공손한 느낌을 준다.

3) 악수 매너

- 서로 대등한 관계에서 상대방과 계속 부드럽게 시선을 맞추며 악수한다.
- 여러 사람과 악수를 해야 하는 경우는 손을 놓은 후 다음 사람에게 시선과 몸의 방향을 옮긴다.
- 장갑은 벗는 것이 좋다. 단, 여성의 드레스와 세트인 장갑은 예외이다.
- 파티에서는 주최자가 먼저 악수를 청한다.
- 악수를 청할 때는 자리에서 일어나서 한다.
- 악수할 때 상사가 상대의 어깨를 가볍게 두드리는 경우가 있으나 아랫사람이 하는 것은 결례이다.

3 명함 매너

프랑스의 루이 14세 때 귀족 부인들이 트럼프 카드에 자신의 이름을 적어 왕에게 올린 것이 명함의 시작이라는 설이 있다. 독일에서는 16세기에 작은 종이에 소속과 이름을 적어 사용한 것이 유래가 되었다고 한다.

명함은 자신의 얼굴이며 첫인상이다. 비즈니스 사회에서 자신을 소개하고 상대에게 자신을 알리는 중요한 도구이며 명함을 바르게 관리하고 사용하는 것은 중요하다. 상대로부터 받은 명함도 상대의 분신이라고 생각하고 소중히 다루는 것이 매너이다. 명함은 오염되거나 훼손되지 않도록 명함 케이스를 사용하는 것이 좋다. 명함 케이스는 항상 가지고 다니며, 모임이나 출장 시에는 만날 사람보다 훨씬 더 많은 양의 명함을 준비하는 것이 좋다. 비즈니스 명함에는 소속과 직급, 직책, 이름, 회사 주소, 전화번호, 이메일 등의 내용을 담는다. 각 기업별 양식이 정해져 있기도 하다.

1) 명함 교환 순서

- 아랫사람이 윗사람에게 먼저 건넨다.
- 지위가 낮은 사람이 높은 사람에게 먼저 건넨다.
- 부탁하는 사람이 부탁받는 사람에게 먼저 건넨다.
- 여러 사람이 함께 명함을 주고받을 때는 윗사람부터 순서대로 명함을 교환한다.
- 처음 소개받은 사람의 경우 악수한 후 명함을 건넨다.

2) 명함 주는 방법

- 일어서서 인사를 하고 명함을 건넨다.
- 윗사람, 고객, 여성에게 먼저 드린다.
- 오른손 엄지와 왼손 엄지를 나란히 하여 두 손으로 공손하게 드린다.

- 상대방이 읽을 수 있는 방향으로 드린다.
- '인사말 + 소속 + 이름'을 말하며 드린다.

3) 명함 받는 방법

- 일어서서 받는다.
- 오른손 엄지와 왼손 엄지를 나란히 하여 두 손으로 공손하게 받는다.
- 소속, 직급, 이름을 확인한다.
- 받자마자 책상 위에 놓거나 명함 케이스에 넣지 않는다.
- 회의가 진행되는 경우 탁자 위 왼쪽 상단에 놓고 회의 진행 중에 참고한다.

4) 동시에 명함 교환하는 방법

연령이나 직급에 상관없이 오른손으로 내 명함을 주고, 왼손으로 상대의 명함을 받는다.

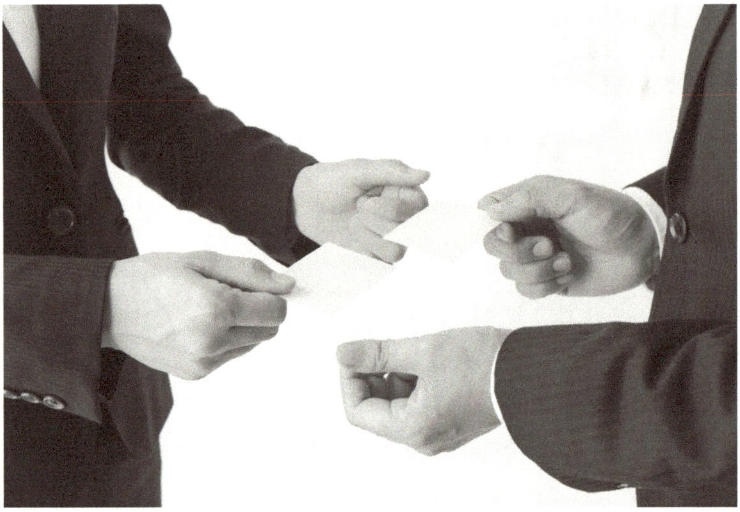

5) 명함 수수 매너

- 항상 깨끗한 명함을 준비한다.
- 명함을 받자마자 명함 케이스에 넣거나 탁자 위에 방치하면 안 된다.
- 명함 주인이 보는 앞에서 수첩이나 주머니에 집어넣으면 안 된다.
- 명함을 받으면 명함을 읽은 후 전체 분위기를 보고 잠시 후에 명함 케이스에 보관한다.
- 상대의 명함을 손에 쥐고 있을 때는 허리선 아래로 내려가지 않도록 한다.

- 받은 명함을 손으로 만지작거리거나 부채질하면 안 된다.
- 상대 명함에 양해도 없이 메모를 해서는 안 된다.
- 받은 명함을 자리에 그냥 두고 가서는 안 된다.

6) 명함 관리

- 받은 명함을 잘 보관하거나 명함 관리 앱을 이용해 보관한다.
- 만난 장소, 용건 등을 함께 메모해서 첨부하는 것도 좋다. 단, 귀가 후 명함 정리할 때 메모한다.
- 회사별, 업종별 등 구분하여 정리한다.
- 정리 보관한 명함은 인맥 관리의 중요한 자료가 된다.
- 행사나 모임에서 처음 소개받고 명함을 주고받았다면, 당일 저녁 또는 다음날 사이에 이메일로 안부 인사를 보내면 상대가 향후에도 나를 기억하기 쉽다.

4 근무 매너

직장은 다양한 연령과 계층이 존재하고 전혀 다른 환경에서 성장해 온 성인들로 구성된 사회이다. 개성이 다른 사람들이 모여 함께 협력하여 조직적으로 일해야 한다. 그 조직에서 인정받고 성공하기 위해서는 기본 매너가 좋아야 하는 것은 필수적이다. 실력이 좋아야 하는 것은 물론이고 조직 생활인만큼 팀원들과 팀워크를 잘 맞추어 나갈 수 있어야 한다. 아무리 실력이 뛰어난 사람이어도 조직에서 융화되지 못하면 직장에서 환영받지 못한다. 다른 사람들에게 폐를 끼치지 않고 배려하면서 자기가 맡은 일에 책임을 다하는 모습이 필요하다. 밝고 긍정적이며 적극적인 모습으로 생활하는 것이 중요하다.

1) 출근 시 매너

출근 시간은 길이 막힐 것을 대비하여 여유있게 집에서 출발한다. 회사에는 근무시간 전에 도착하도록 한다. 9시부터 근무시간이 시작된다면 9시가 출근 시간이 아니라 9시부터는 정식 근무가 시작된다는 의미이다. 근무시간 20~30분 전에 회사에 도착하여 책상정리도 하고 차 한 잔 하면서 업무 준비를 하며 여유있게 하루를 시작하는 것이 좋은 방법이고, 성실하고 부지런한 이미지를 가지게 되어 사람들의 신뢰를 얻는 데 도움이 된다.

출근할 때는 업무에 집중할 수 있고 주변 동료들에게 방해되지 않는 T.P.O.에 적합한 용모복장을 한다. 아침에 직장 동료를 만나면 밝게 인사를 나눈다.

부득이한 사정으로 지각이나 결근을 하게 되면 본인이 직접 회사에 미리 연락을 한다. 무단결근과 같이 무책임한 행동을 보이는 것은 삼가야 한다.

2) 근무 중 매너

근무 시간에는 업무에 집중하는 모습이 중요하다. 근무 중 개인적인 일로 잡담을 하거나 개인 전화, 문자, SNS는 삼가야 한다. 개인적인 사유로 자리를 비우는 것은 좋지 않고, 남자들의 경우 흡연을 이유로 자리를 자주 비운다면 불성실한 모습으로 비쳐질 수밖에 없다. 업무의 생산성을 높이도록 하는 것이 중요하다.

주어진 업무는 최선을 다해 완료하고, 일을 스스로 찾아서 하는 모습을 보이는 것도 좋다. 동료들과 친해져도 공과 사를 구분하여 예의가 기본이 되는 자세를 보인다.

점심시간의 경우 시간을 엄수하여 오후 근무에 지장이 없도록 하는 것은 당연하다. 담배 냄새나 짙은 향수 냄새로 옆자리의 동료를 불쾌하게 만들지 않도록 유의해야 한다.

사무실에서 공동으로 사용하는 물품들은 아껴 사용하고 사용 후에는 제자리에 정리하여 다른 사람들이 사용하는 데 불편함이 없도록 한다.

외출할 때는 행선지, 업무 내용, 복귀 시간을 함께 보고한다. 만약 외부 업무가 늦게 끝나서 바로 퇴근을 해야 한다면 전화로 상사에게 보고한 후 퇴근한다.

3) 퇴근 시 매너

지시받은 일은 미루지 말고 그날에 마치도록 하고, 기일이 늦어지면 상사에게 보고하고 다시 지시를 받는다. 퇴근 시간이 6시이면, 6시 되는 순간 퇴근을 하는 것이 아니라 6시에 근무가 종료되는 것이고, 6시가 지나면 퇴근 준비를 시작하는 것이다. 동료들이 일이 많아 퇴근이 늦어진다면 함께 일을 마무리할 수 있도록 돕는 것도 좋다.

퇴근할 때 책상 위의 서류와 문구류들은 정리해놓고, 공동 사용 물품은 제자리에 정리한다. 다음날 해야 할 업무는 메모하여 다음날 출근하면 바로 업무를 시작할 수 있도록 준비해 둔다. 컴퓨터나 그 외 전원을 끄고 마지막으로 사무실을 나간다면 전원, 소등을 확인하고 문단속을 한다. 퇴근 시에도 동료들과 인사를 나눈다.

4) 직장매너 7대 원칙

- 시간을 엄수하라.
- 공손하고 긍정적으로 행동하라.
- 신중하라.
- 자신만이 아닌 다른 사람에게도 관심을 가져라.
- T.P.O.에 맞는 복장을 갖춰라.
- 상황에 적합한 언어를 사용하라.
- 직원 간 금전거래는 삼간다.

5 지시와 보고

1) 지시 받을 때

상사로부터 업무 지시를 받을 경우 필기도구를 준비하여 메모를 하는 습관을 가진다. 지시사항의 요점을 복창하여 메모하고 상사의 말은 중간에 끊지 말고 끝까지 듣고 대답한다. 지시사항은 육하원칙

(5W3H)에 따라 구체적으로 정확한 내용을 기록하고 의문 나는 사항은 즉시 질문하여 내용을 정확히 확인하고 업무 수행을 준비한다.

지시받은 사항은 실행에 옮기고 바로 업무를 시행할 수 없을 때에는 이유를 상사에게 설명하고 상사의 결정이나 우선순위를 따르면 된다.

5W 3H	
When 언제 Where 어디에 Who 누가 What 무엇을 Why 왜	How 어떻게 How many 어느 정도 How much 얼마나

2) 보고할 때

업무가 마무리되면 보고를 함으로써 마무리되므로 지시받은 업무를 완료하면 즉시 보고한다. 업무 수행 기간이 길어진다면, 계획대로 업무가 진행되는지, 더 빠른 시일 내에 완료가 될 것인지, 문제가 발생하여 완료가 계획보다 늦어지게 될지에 대하여 중간보고를 하여 진행상황을 알리는 것이 좋다.

보고할 때는 '두괄식 스피치'를 사용하여 결과부터 말하고, 과정과 사유, 견해를 보고한다. 보고는 지시한 사람에게 하는 것이 기본이며, 보고의 내용이 길거나 복잡한 경우에는 문서로 작성하여 함께 보고하는 것이 오류를 줄일 수 있다.

3) 지시받거나 보고할 때 자세

보고할 때 상사의 책상에서 조금 떨어진 측면에서 한다. 책상이 없는 경우에는 더 거리를 두고 떨어진 거리에서 보고한다. 문서를 함께 보면서 보고할 경우에는 사전에 양해를 구하고 다가가서 보고한다. 결재서류나 문서를 상사에게 제출할 때는 상사가 글씨를 읽을 수 있는 방향으로 하여 드린다. 문서의 내용을 직접 가리키면서 보고할 경우 한 손가락을 사용하지 말고 손가락을 모으고 손끝으로 가리킨다.

이메일이나 전자결재를 이용하여 보고할 경우에도 상사에게 직접 가서 보고를 올렸음을 알린다.

REFERENCE 참고문헌

권경리 · 한광종, 국제매너와 이미지메이킹, 백산출판사, 2014

김민수 · 최진영, 서비스인들을 위한 이미지메이킹 실무, 새로미, 2019

문희정, 항공승무원을 위한 Image Making, 영민, 2011

미래 서비스 아카데미, 서비스 매너, 새로미, 2016

박혜정, 서비스맨의 이미지메이킹, 백산출판사, 2019

서여주, 365 글로벌 매너, 백산출판사, 2020

오정주 · 권인아, 비즈니스 매너와 글로벌 에티켓, 한올, 2017

장순자, 서비스매너, 백산출판사, 2017

정명희 · 이원화, 이미지메이킹과 글로벌 매너, 새로미, 2018

정지수, 파티플래너 정지수의 이미지메이킹 파워, 백산출판사, 2015

지희진, 지교수의 행동하는 매너 메이킹하는 이미지, 한올, 2014

하승희, 서비스경영자격 SMAT module A, 케듀아이, 2019

한수정 · 우소연, 셀프 비즈니스 매너와 커뮤니케이션, 백산출판사, 2020

저자약력

석은주

세종대학교 호텔관광경영학 박사
세종대학교 관광경영학 석사
현) 명지전문대학 항공서비스과 교수
전) 대한항공 20년 근무
대한항공 객실승무부 수석사무장
대한항공 객실승무부 라인팀장
대한항공 객실훈련원 서비스 강사
대한항공 객실훈련원 안전 교관
대한항공 객실 안전심사관
대한항공 신입승무원 채용 면접관

성공을 위한 이미지 트레이닝

2021년 3월 5일 초판 1쇄 발행
2021년 8월 25일 초판 2쇄 발행

지은이 석은주
펴낸이 진욱상
펴낸곳 (주)백산출판사
교 정 박시내
본문디자인 오행복
표지디자인 오정은

등 록 2017년 5월 29일 제406-2017-000058호
주 소 경기도 파주시 회동길 370(백산빌딩 3층)
전 화 02-914-1621(代)
팩 스 031-955-9911
이메일 edit@ibaeksan.kr
홈페이지 www.ibaeksan.kr

ISBN 979-11-6567-255-3 93980
값 16,000원